Anne Nilsson – KÄSE HAUSGEMACHT

W0011943

Anne Nilsson

Käse hausgemacht

ENNSTHALER VERLAG, A-4402 STEYR

Anne Nilsson – Gör din egen Ost – ICA förlaget AB, Västerås

Übersetzung aus dem Schwedischen: Hannelore Aly

6. Auflage 1999

ISBN 3 85068 184 X

Inhaltsverzeichnis

6

Der erste Käse der Welt

Der erste Käse der Welt entstand sicher durch einen Zufall. Irgendjemand hatte Reisekost eingepackt, Milch in einem Tiermagen verwahrt. Als der Reisende während einer Pause Milch trinken wollte, hatte die Milch sich in Käse verwandelt. Durch die Ingrediensen (Labfermente) im Tiermagen und die Wärme war die Milch zu einer festen Masse geworden. Und als der Vorratssack während der Reise hin- und hergeschüttelt wurde, bildete die Masse Klumpen und eine dünne Flüssigkeit wurde abgesondert. Was sollte ein hungriger und durstiger Wanderer anders machen als die Klumpen zu essen und die Flüssigkeit zu trinken? Die Milch war zu Käse geworden und die Molke abgesondert und der Mensch fand, daß das eine gute und erfrischende Mahlzeit war.

Männer konnten ungeheuer schwere Käse tragen, wie dieser Holzschnitt aus Olaus Magnus' »Geschichte der nordischen Völker« vom Anfang des 15. Jahrhunderts zeigt. Aber, sagt der Verfasser, kein Mann war würdig genug, um bei der Käsebereitung dabeisein zu dürfen, wie freundlich er auch darum bitten mochte, das war ausschließlich Frauenarbeit.

9

Es kann auch sein, daß die Menschen auf die Idee kamen, Käse zu machen, als sie junge Kälber schlachteten und dabei entdeckten, daß im Labmagen des Tieres eine gute Masse lag. Wenn man heutzutage in den Molkereien Käse herstellt, folgt man demselben Prinzip, das im Magen der säugenden Kälber vor sich geht.

Der erste Käse der Welt kann auch ein Sauermilchkäse gewesen sein. Wenn man frische Milch an einen warmen Platz stellt, dauert es nicht lange, bis sie zu Dickmilch wird. Bearbeitet man diese vorsichtig, bildet die gedickte Milch Klumpen und scheidet sich von der Molke. Die saure Molke ist nicht so gut, aber der Käse hat einen erfrischenden säuerlichen Geschmack.

Wenn also der Zufall auf die rechte Weise zusammenspielt, kann aus Milch Käse werden. Es ist keine so schwere Kunst, die Verwandlung bewußt zu steuern.

Aus diesem Buch kannst Du lernen, wie man es macht.

Hausgemachter Käse – ein Vergnügen

Dein erster Käse

Glaube nun ja nicht, daß dein erster Käse einem wohlgelagerten Hartkäse oder einem Camembert gleichen wird. Trotzdem wage ich zu versprechen, daß Du nicht enttäuscht sein wirst. Schon die Entdeckung, daß man wirklich einen runden, schweren, gelben Käse aus gewöhnlicher Milch machen kann, wird Dich so in Erstaunen versetzen, daß Du sicher gerne weiterexperimentierst, bis Du am Ende auch einen leckeren Käse hervorgezaubert hast.

Warum hausgemachter Käse?

Nun höre ich jemanden gestreßt seufzen: reicht es denn nicht, daß man sein eigenes Brot backt, sein eigenes Essen aus frischen Zutaten bereitet, seine eigene Marmelade kocht, selbst Beeren und Pilze einfriert? Sollen wir nun auch noch eigenen Käse machen, um richtige Hausfrauen und Hausväter zu sein?

Da will ich doch gleich trösten: Käse daheim machen ist ein Hobby und keine gewöhnliche Hausarbeit. Man verdient kein Geld damit. Regelmäßige Käsebereitung ist beinahe unmöglich für eine normalgroße Familie mit Kindern und Erwerbstätigkeit. Die wenigen, die »das beinahe Unmögliche« möglich machen, bestätigen natürlich nur als Ausnahme die Regel.

Dennoch ist es wichtig, die Kenntnisse über hausgemachten Käse außerhalb der Molkereien zu bewahren. Käsebereitung ist ja ein altes Handwerk mit Tradition. Hier im Norden ist es eine beinahe vergessene Frauenarbeit.

Nur die alten Frauen, die selbst noch mit auf den Sennhütten waren oder die Molkerei auf Bauernhöfen erlebt haben, sind noch in der Kunst der Käsezubereitung erfahren. Deren Kinder und Enkel hatten selten Grund zu lernen, wie man selbst Käse macht. Auf den Festen des Heimatvereins schauen wir verwundert in den Topf mit Molkenkäse und sagen: »Kaum zu glauben, wie einfach das zugeht!«

Alte weibliche Handwerkstraditionen wieder aufleben zu lassen, ist also ein Grund. Ein weiterer ist, daß heutzutage viele Molkereikäse Zusätze haben, von denen wir noch nicht wissen, wie sie auf den menschlichen Körper wirken. Wenn wir den gekauften Käse teilweise durch hausgemachten und Molkenkäse ersetzen, können wir die zweifelhaften chemischen Zusätze, die unser Körper ohnehin verkraften muß, einschränken. Zu Feiern und Festen kann es besonderen Spaß machen, mit etwas ganz Besonderem zu überraschen: einem grandiosen Weihnachtskäse oder einem zarten Knoblauchkäse. Und wer würde sich nicht über einen großen gelagerten Käse zum Geburtstag freuen?

Macht man Käse wenn man Zeit und Lust dazu hat, dann ist es eine interessante und vergnügliche Beschäftigung, das bezeugen alle Hausfrauen, mit denen ich während der Arbeit an diesem Buch gesprochen haben.

Guter Geschmack

Geschmack ist eine Gewohnheitssache. Hat man sich daran gewöhnt, daß jeder Käse wie Haushaltskäse aus der Molkerei schmecken soll, dann findet man vielleicht, daß selbstgemachter Käse nicht »nach Käse schmeckt«. Der Käse, an den sich eine Familie gewöhnt hat, scheint der Nachbarfamilie mit anderen Käsegewohnheiten oft nicht eßbar.

Hausgemachter Käse wird geschmacklich immer mehr dem Käse ähnlich sein, den man vor hundert Jahren auf den Bauernhöfen gemacht hat, und nicht dem heutigen Molkereikäse gleichen. Das hängt von der heutigen Molkereitechnik und deren Zutaten und Zusätzen ab. Trotzdem wird der hausgemachte Käse ebenso »richtig« wie der von der Molkerei. Ebenso, wie man sich an den neuen Geschmack eines gekauften Käses gewöhnt, wird man sich auch an den Geschmack des eigenen Käses gewöhnen.

In der Molkerei verwendet man eine Anzahl Meßmethoden und sinnvoller Apparate bei der Käsebereitung, sodaß das Resultat vom Käsen verschiedener Tage beinahe exakt gleich wird. In einer normalen Küche kann man nicht mit derselben Genauigkeit käsen, das macht aber gerade die hauseigene Käsebereitung interessant.

Geduld haben

Das schwerste bei der eigenen Käsebereitung ist, den Käse genügend reifen zu lassen. Die Aufbewahrung ist kaum ein Problem, aber es ist schrecklich schwer, den Käse solange zu »vergessen«, bis der Geschmack ausgereift ist, und nicht schon zu früh davon zu naschen. Gleichzeitig darf man ja den Käse nicht »ganz vergessen«, weil er auch hin und wieder gewendet und vor Schimmelpilzen bewahrt werden muß. Käsebereitung ist ein Langzeitprojekt. Es gilt sich mit Geduld zu wappnen.

Während man das Reifen des Hartkäses abwartet, kann man sich der Herstellung von Frisch-, Weich- und Schmelzkäsen widmen. In diesem Buch gibt es viele verschiedene Rezepte für Frischkäse, die an ein und demselben Tag hergestellt und gegessen werden können, oder die nur kurz gelagert werden müssen.

Chemie und Bakteriologie

Ein richtiger Käsemeister muß Bescheid wissen über die chemische Zusammensetzung der Milch und über das Aussehen und die Wirkung der Milchbakterien. Die Sennerin konnte sich bei der Beurteilung der Milch und des fertigen Käses allein auf ihre Nase und ihren Geschmacksinn verlassen. Wir, die wir Käse für den Hausgebrauch herstellen, sind der Sennerin nicht so unähnlich, zumindest solange wir uns im Experimentierstadium befinden.

Darum habe ich hier auch nicht viel Wesen um chemische und bakteriologische Prozesse gemacht. Wer sich weiterbilden will in der Kunst des Käsens, kann sich Bücher über Molkereiwesen beschaffen.

Handwerk und Technik

Die Käsebereitung war immer ein Handwerk. Erst zu Beginn des 18. Jahrhunderts haben die Molkereien dieses Handwerk mit Hilfe der Technik übernommen. Aber auch heute noch hat der Käsemeister auch bei großen mechanisierten Molkereien die Aufgabe, die enormen Käsefertiger zu kontrollieren, sodaß alles mit rechten Dingen zugeht. Das Ziel der vollkommenen Automatisierung ist also noch nicht er-

Die Molkerei auf dem schwedischen Gut Säbyholm am Anfang des 19. Jahrhunderts. Foto: Nordisches Museum

reicht. Die größten Molkereien in Schweden sind allerdings schon beinahe vollautomatisch. In einem Kontrollraum sitzt eine Person und steuert den gesamten Prozeß. Da blinken Lampen, und verschiedene Zeiger geben Hinweis auf alle notwendigen Werte, z.B. ph-Wert, Gewicht, Bakteriengehalt, Fettgehalt, Temperatur, Feuchtigkeitsgehalt.

Statt auf dem glatten Kachelboden umherzusausen, schraubt der Käsemeister (Käseingenieur) an Kranen oder drückt auf einen Knopf des Bedienungspultes, und die Milch strömt von einem Tank in einen Käsefertiger.

Auf lange Sicht ist der größte Nachteil der automatischen Käsebereitung in großen Molkereien, daß die vielen lokalen Käsesorten verschwinden. In den meisten Ländern wird die Käsebereitung immer noch als Handwerk ausgeübt, entweder auf Höfen mit eigener Milchproduktion oder in kleineren Molkereien, die ihre Milch aus der Gegend beziehen.

In Frankreich stellt man immer noch ungefähr 400 Käsesorten her, und in Italien gibt es noch 50 Sorten.

14

Schwedische Tradition

In Schweden haben wir eigene Käsetraditionen, verschieden für die Landesgegend. Die Sennereien waren die Molkereien der alten Zeit. Dort verwandelte man die Milch zu Käse, um sie für den Winter haltbar zu machen. Während der letzten Jahrhunderte war das Sennereiwesen häufig in Wärmland und weiter nördlich, früher gab es jedoch auch Sennereien in Schwedens südlichen Berg- und Waldgegenden.

Im Frühling zogen die Sennerin und die Kühe auf die Sennhütte. Wenn kein fahrbarer Weg vorhanden war, wurden alle Geräte auf die

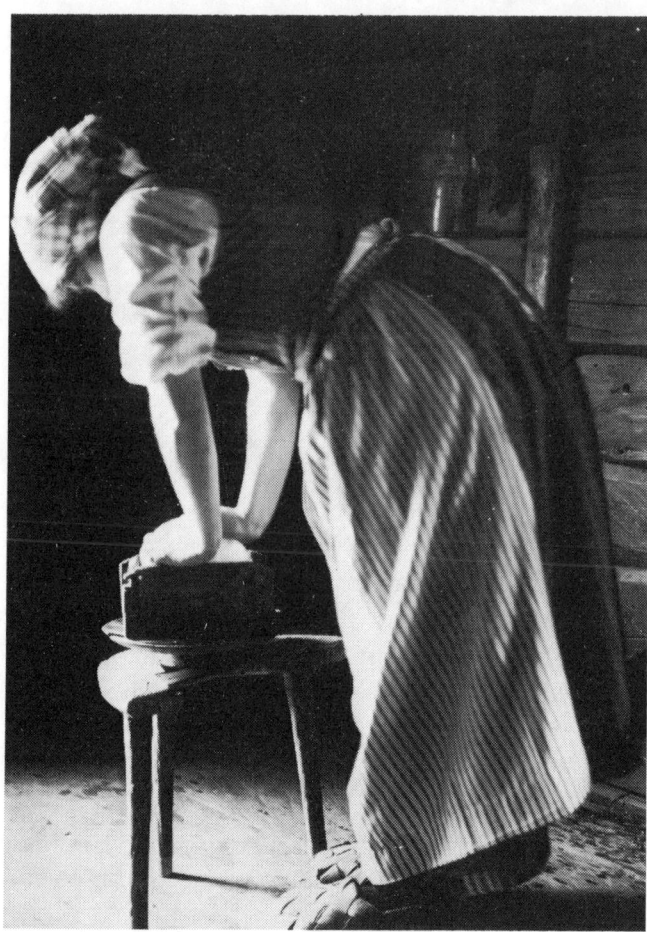

Magd preßt die Molke aus der Käsemasse.
Foto: Nordisches Museum

15

Anna Eriksson steht mit einem Molkenkäse auf der Treppe der Molkereigesellschaft. Der Käse hat während des Tages zum Trocknen außer Haus gelegen und wird nun zur Nacht hereingenommen. Häls in der Gemeinde Jarvsö 1937

Pferderücken gepackt (die Pferde wurden gesäumt). Oder man befestigte alles Gepäck an Stangen, die mit dem schmalen Ende hinter dem Pferd auf dem Boden schleiften. Auf diese Weise schleppte man Käseformen, Tröge, Kupferkessel und alles, was man auf der Sennhütte brauchte, auf die Sommerweiden.

Eine harte Arbeit erwartete die Sennerin. Sie mußte alle Kühe und Ziegen pflegen, melken und dann die Milch verarbeiten. Die Milch mußte kalt stehen, bis sich die Sahne absetzte, und dann schöpfte man sie ab. In späterer Zeit verwendete man einen Separator, um die Sahne von der Milch zu trennen.

16

Die Sahne sparte man solange, bis die Menge ausreichend zum Buttern war. Da war die älteste Sahne schon etwas säuerlich, und es war leichter, die Fettkugeln zu Butter zu schlagen. Beim Buttern blieb Buttermilch übrig. Da die Sahne säuerlich war, schmeckte die Buttermilch auch säuerlich. Mit Hilfe der Säurewecker in der Buttermilch konnte die Sennerin Frischkäse und andere Käsegerichte zubereiten.

Die Magermilch verwendete sie, um davon Käse zu machen. Sie hatte auch die Möglichkeit, aus der nicht entrahmten Milch Käse zu machen. Die Milch wurde über dem Feuer erwärmt. Hausgemachtes Lab von Kalbmagen ließ die Milch gerinnen.

Mit den Händen oder einem Holzlöffel rührte man in der Masse, die sich dadurch in die Käsekörner und die gelbliche Flüssigkeit, die man Molke nennt, teilte. Die Käsemasse setzte sich am Boden ab. Nach einer Weile nahm man sie auf, um sie in eine Form zu pressen. Hatte der Käse eine feine Form bekommen, legte man ihn zum Trocknen auf ein Regal in der Käsebude (Vorratskammer). Die Molke wurde viele Stunden lang gekocht, bis sie zu Brei wurde. Das Resultat nannte man Molkenstreichkäse oder, wenn man noch länger kochte, Molkenkäse. Molkenkäse (»Schotte«) entsteht durch Ausfällen des Kaseins.

Hier liegt Molkenkäse zum Trocknen auf dem Dach des Holzschuppens.

17

Einige Male während des Sommers kam jemand den langen Weg vom Bauernhof, um den fertigen Käse und die Butter zu holen. Milch wurde nicht heimtransportiert, denn die meisten Höfe hatten ein oder zwei Kühe daheim, um die Familie mit Milch zu versorgen. Butter und Käse wurden verkauft oder gegen andere Lebensmittel eingetauscht.

Im Herbst zog die Sennerin wieder heim auf den Bauernhof. Von der letzten Milch konnte man keinen Labkäse mehr machen. Stattdessen machte man Frischkäse von der Buttermilch. In Hälsingland kochte jeder Bauer außerdem einen Satz »pank«, ein Gericht das sowohl aus Käse als auch aus Molke bestand.

Auf einigen Bauernhäusern gab es besondere Kochhäuser, in denen im Herbst Käse hergestellt wurde, wenn die Kühe von der Alm heimgekommen waren. Sonst lagerte man den Käse im Erdkeller, bis es Zeit war, ihn zu essen.

Nicht nur Käse von der Almhütte

Dauerhafte Käsetraditionen gab es im gesamten Norden, nicht nur auf den Sennhütten. In Schonen machte man außer Kuhkäse auch weißen Schafkäse. Wenn die Molke kochte, wurde sie zu »valle«. Anfangs hieß das Wort »vatle«, aber im Dänischen – Schonen war ja dänisch – entwickelte es sich zu »valle« und in mittelschwedischen Dialekten zu »vatsle« und nach und nach zu »vassle« (Molke) oder weiter nördlich »vassla«.

Eierkäse ist ein übliches Festgericht in Schonen und einigen anderen südlichen Landstrichen.

In Småland und angrenzenden Landschaften versammelte man sich zum »Käsen« oder »Käsefest«. Die Gäste hatten Milch zum Käsen mit sich. Das war dann sowohl Fest als auch Arbeit, es gab gut zu essen und man produzierte große Käse. Die Weihnachtskäse konnten einen Riesenumfang haben. Ein einziger Käse wog manchmal bis zu 18 Kilo. Das bedeutete ungefähr 180 Liter Milch zum Käsen.

Den Weihnachtskäse im Norden Schwedens machte man im Herbst, auf dem dänischen Jylland wurde der Weihnachtskäse zu Mittsommer, in Dalsland im Juli und in Östergötland wenn die Heide blühte, also im August, bereitet.

Käseweiber auf Ånestad in der Gemeinde Kinda in Östergötland, 1909.

Der »Sta-Käse« ist nach westschwedischer Sitte ein Käse, den man zuunterst in einen Haferstadel legt, geschichtet mit Hafergarben, die zum Dreschen gestapelt sind. In die unterste Garbe legt man Brot und Branntwein oder Bier und dann obenauf den »sta-Käse«. Diese Garbe nannte man »logkatten« oder »stogubben«.

Dann mußte man zusehen, daß man mit dem Dreschen vor Weihnachten fertig wurde, sonst kam kein Weihnachtskäse auf den Tisch.

Käse aus der Milch verschiedener Tierarten

Schwedischer Käse wurde meistens aus Kuhmilch hergestellt. Ziegen wurden natürlich auch gemolken, nicht nur in Nordschweden. Die Ziegenmilch wurde als Getränk verwendet oder zu Käse verarbeitet. Käse machte man aus gemischter Kuh- und Ziegenmilch oder aus reiner Ziegenmilch. An vielen Plätzen wurden auch Schafe gemolken, um Käse herzustellen. In Jämtland kochte man Käsestücke in Molke und aß sie mit Brot anstelle von Butter. Auch von Bohuslän berichtet man, daß man dort früher Käse und Brei aus Schafmilch machte.

19

Die Samen molken ihre Renkühe (vajor) und machten Käse im Hochsommer, damit sie auch während des Winters proteinreiche Kost hatten. Wenn sie im Winter von den Bergen zogen, hatten sie oft einen Renschlitten vollgepackt mit Renkäse. Eine Renkuh gibt nur einen Deziliter Milch, aber diese ist so konzentriert, daß man trotzdem eine gute Menge Käse erhält. Die Trockensubstanz der Renmilch ist dreimal so hoch wie die der Kuhmilch.

Was geschieht mit der Milch?

Wenn die Milch zu Käse verarbeitet wird, gerinnt das Kasein in der Milch, und mehr oder weniger Wasser wird freigesetzt. Kasein ist einer unter mehreren verschiedenen Eiweißstoffen der Milch.

Ein Teil der Nährstoffe bleibt im Käse und ein Teil bleibt in der Molke. Durch die Umwandlung wird der Käse zu konzentrierter Nahrung. Im Käse verträgt das Milcheiweiß eine lange Lagerung, ohne daß es verdirbt. Je geringer der Wassergehalt ist, desto länger die Haltbarkeit.

Die Grundprinzipien für die Käsezubereitung sind für die einzelnen Käsearten etwas verschieden. Das gemeinsame Ziel ist jedoch: das Eiweiß in feste Form zu verwandeln und vom Wassergehalt der Milch zu trennen.

In harten Labkäsen ist es natürlich das Lab, das das Kasein zum Gerinnen gebracht hat. Nach ungefähr einer Stunde wird die dick werdende Milch »abgebaut« (gebrochen). Die geronnene Masse wird im Topf in Würfel geschnitten und dadurch wird die Molke von der Käsemasse getrennt. Durch vorsichtiges Rühren hindert man den Käsebruch daran, sich zusammenzuballen, ehe sich genügend Molke abgesetzt hat. Dies nennt man in der Molkereisprache Vorkäsen. Das macht man vor der Erwärmung.

Nach einer Weile wird die Milch um einige Grade erwärmt und weiterhin gerührt, was man dann Nachkäsen nennt.

Auf den Sennhütten wurde die Milch nie erwärmt nachdem man das Lab zugegeben hatte, sondern die Käsemasse wurde aufgenommen, nachdem sie nach dem Schneiden und Umrühren etwas fester war.

Nachdem der Käsebruch genügend fest ist und sich genügend Molke abgesetzt hat, nimmt man die Käsemasse auf und gibt sie unter Druck in eine Käseform. Man kann sie auch erst bearbeiten und mit Salz und Gewürzen mischen. Um die richtige Bakterienkultur zu erhalten, behandeln die Molkereien die Milch vor dem Käsen gewöhnlich mit Säureweckern, da die ursprünglichen Bakterien bei der Pasteurisierung verschwinden. Hat man Milch direkt aus dem Stall, sind Säurezusätze nicht unbedingt notwendig. Die Milch dagegen, die man im Laden kauft, ist frei auch von den nützlichen Bakterien, sodaß Säure notwendig ist, wenn der Käse überhaupt reifen soll.

Käsebereitung mit gewöhnlicher Ladenmilch. Hier schneidet man die geronnene Masse, d.h. man teilt sie in gleichgroße Viertel, damit sich die Molke von der Käsemasse trennt.

Vorsichtig umrühren. Das erleichtert die Trennung von der Molke. Die Käseklumpen, die zu groß aussehen, teilt man.

22

Knete einen Löffel der Käsemasse in der Hand. Ist der Widerstand elastisch, dann ist es Zeit, die Käsemasse aufzunehmen und zu formen.

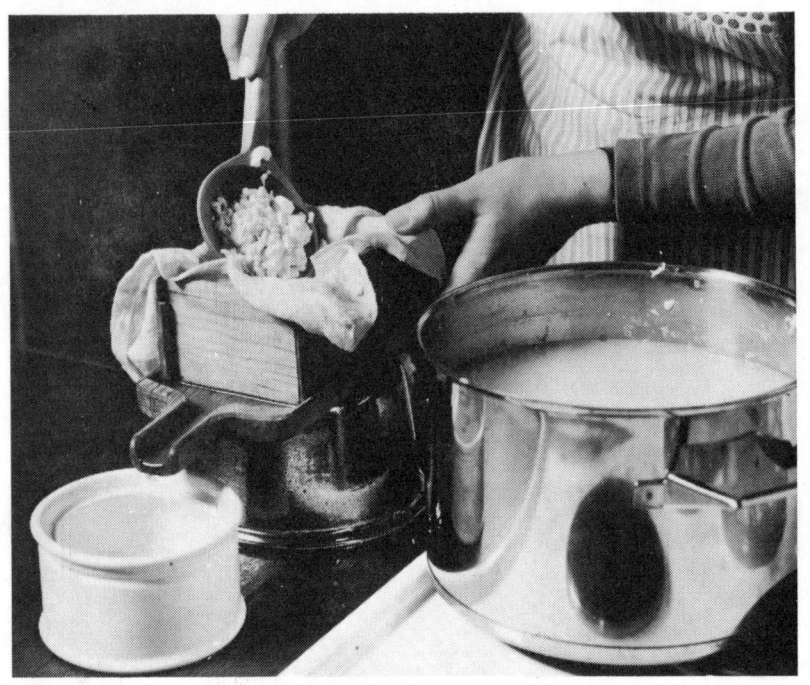

Die Käsemasse wird in eine mit einem Tuch ausgelegte Form gedrückt. Die Molke rinnt durch die Käserinne in eine Schale.

Der fertige Käse, hergestellt aus »Paketmilch« von einem Stockholmer Laden, liegt auf einer geschnitzten Käserinne.

24

Als Säurewecker können wir für unseren hausgemachten Käse gewöhnliche verwenden (Buttermilch, auch Sauermilch, Molke . . .).

Die Milch soll nicht so säuerlich werden wie der Säurewecker, sondern nur am Tag des Käsens einen kleinen Zusatz Säure erhalten. Diese Behandlung der Milch nennt man Reifung.

Weiche Labkäse stellt man auf dieselbe Weise her wie harte, bis zum Vorgang der Unterbrechung. Die Weichheit des fertigen Käses beruht auf dem viel größeren Gehalt an Wasser. Darum müssen wir vorsichtig sein, damit viel Molke im Käse zurückbleibt. Wenn die Milch geronnen ist, schneidet man ganz wenig oder füllt den Käsebruch direkt in die Formen ohne ihn zu schneiden. Der Käse darf in den Formen stehen bleiben, und ein Teil der Molke rinnt durch Selbstdruck ab.

Schimmelkultur kann mit der Käsemasse gemischt werden oder man pinselt sie auf den Käse, wenn man ihn aus den Formen nimmt. Der Schimmel trägt auch dazu bei, Käse weich zu machen.

Frischkäse macht man ohne Lab. Durch einen Zusatz von Säure teilt sich die Milch in Käse und Molke. Das Säuregerinnsel hat eine andere Zusammensetzung als das Labgerinnsel. Die Zusätze können aus saurer Buttermilch, Sauermilch, gewöhnlichem Zitronensaft oder anderen sauren Zutaten bestehen. Die Milch kann auch sauer werden und sich von der Molke trennen ohne besonderen Zusatz, und auch dieser Käse ist voll eßbar. Die Molke nach Frischkäsen ist nicht so gut, um daraus Molkenbutter zu machen, da der saure Geschmack sich in der Molke verstärkt.

Sauerkäse nennt man auch Frischkäse, da die Haltbarkeit nicht so groß ist wie bei Hartkäse. Aber Frischkäse kann man auch mit Lab herstellen, und darum können die beiden verschiedenen Bezeichnungen einander nicht ganz ersetzen.

Molkenkäse bildet eine Gruppe für sich, da er auf ganz andere Weise hergestellt wird und einen anderen Nährwert hat.

Wenn man die Molke kocht, verschwindet das Wasser in Form von Dampf in die Luft, und im Topf bleibt ein konzentriertes Nahrungsmittel übrig, der Molkenkäse.

Schmelzkäse ist gewöhnlicher Hartkäse, den man wärmebehandelt und mit verschiedenen Zusätzen mischt, um eine streichfähige Konsistenz zu erhalten. Oft verwendet man die falsche Benennung Weichkäse, denn es handelt sich mehr um ein konserviertes Gericht, das aus Käse zubereitet wird – ein Käsegemisch. Die Rohware besteht aus Käse mit Schönheitsfehlern, aber unvermindertem Nährwert. Es sind die vielen verschiedenen Zusätze, die den Schmelzkäse zu einer weniger vorteilhaften Nahrung machen.

Zutaten

Lesen Sie die Deklaration auf dem Schmelzkäse im Geschäft. Das ist keine sehr ermunternde Lektüre – aber sie ermuntert dazu, hausgemachten Käse herzustellen.

Auf der Verpackung von Walnußkäse kann folgendes stehen: »Inhalt Hartkäse, Butter, Walnüsse, Walnußaroma, Konsistenzzusatz (Schmelzsalze), Konservierungsmittel E 211«.

Gewöhnlicher Hartkäse hat selten ein Verzeichnis über die Zutaten im Käse. Gibt es Angaben, dann sind die Zusätze nicht immer angegeben. Im Lehrbuch für Mejeristen steht zu lesen, daß man der Milch Kalziumchlorid beifügen kann, um den Käsungsvorgang zu beeinflussen. Dinatriumphosphat macht das Koagel zäh, wenn man den Zusatz vor dem Kalziumchlorid beifügt. Diese Zusätze sind laut Buch nicht notwendig. Mehr allgemein sind Zusätze von Salpeter (Natrium oder Kaliumnitrat), das den Bakterienzuwachs reguliert. Dann gibt es die Farbzusätze Karotin (aus Mohrrüben), Orleanafarbe und Chlorophyllfarbe. In der Salzlake, in der die Käse gebadet werden um eine haltbare Außenfläche zu bekommen, gibt es außer Kochsalz z.B. Natriumhypochlorid oder Natrium- oder Kaliumsorbat und Natriumbensoat. Diese Zusätze sind schimmel- und gärungshemmende Chemikalien.

Wenn wir Käse daheim machen, sollen wir versuchen, die Zusätze soviel wie möglich einzuschränken. Sogar das Salz können wir entbehren, wenn wir den Käse auf die rechte Weise pflegen. Wenn man sich daran gewöhnt hat, wie Käse mit Zusätzen schmeckt, wundert man sich vielleicht darüber, wie der »reine Käse« (ohne Zusätze) schmeckt. Es sind natürlich nicht nur die Zusätze, die das Aroma ausmachen. Am meisten wird das Aroma durch den Reifevorgang entwickelt, Käse ist etwas Lebendiges. Im Käse wohnen Bakterien und Schimmelpilze, während Hefepilze am besten nicht darin sein sollten.

Die Kunst Käse zu machen, beruht darauf, der richtigen Sorte Mikroorganismen ein so gutes Klima wie möglich zu schaffen. Unerwünschte Gäste sollen sich nicht wohlfühlen, während man erwünschte zum Bleiben bewegen soll, damit sie wachsen und ihre Arbeit, einen guten Käse zu machen, ausführen.

Zusätze beeinflussen dieses Leben im Käse. Wenn wir von Zusätzen im hausgemachten Käse Abstand nehmen, können wir auch das Bakterienleben nicht ebenso sicher beeinflussen.

Ganz ohne Chancen sind wir jedoch nicht. Jede Maßnahme bei der Käseherstellung beeinflußt das Bakterienleben und damit das Resultat. Wenn wir die Temperatur der Milch um ein einziges Grad erhöhen, verändert sich der Bakteriengehalt im kommenden Käse – das ist nur ein Beispiel.

Milch aus der Packung oder frische Kuhmilch?

Die große Frage, die immer auftaucht, wenn man Käse macht, ist: kann man Milch aus dem Laden verwenden oder muß man unbehandelte Kuhmilch haben?

Alle, die sich der alten Rezepte für Käsekuchen, Süßkäse und Frischkäse erinnern, sind ihrer Sache sicher. Frische Kuhmilch soll es sein, sonst erzielt man nicht den gleichen Geschmack. Aber das soll man nicht zu ernst nehmen.

Wohnt man in der Stadt und hat Schwierigkeiten, aufs Land und einen Bauernhof zu fahren, dann kann man auch Milch aus dem Laden verwenden.

Man muß versuchen, den Zustand der behandelten Milch wieder so herzustellen, als sei sie unbehandelte. Es kann schwierig sein, die Molke gründlich aus den Käsekörnern zu entfernen. Tips darüber später im Buch.

In der Molkereisprache nennt man die Milch, die man im Geschäft verkauft, Vollmilch (standardisierte Milch). Die Molkereien verarbeiten die unbehandelte Rohmilch zur Vollmilch. Die Behandlungskette ist recht lang. Die Milch wird zentrifugiert in Magermilch und Sahne. Standardisierung bedeutet, daß man der Milch einen garantierten Fettgehalt gibt, gewöhnlich 3,6 g Fett per 100 g Milch.

Entweder mischt man die Magermilch mit Sahne bis man die richtige Zusammensetzung erreicht hat, oder man mischt auch die Magermilch mit Vollmilch (ungeschäumte, oder besser: nicht zentrifugierte bzw. separierte Milch).

Danach wird die Milch entkeimt. Die Pasteurisierungstemperatur ist von Jahr zu Jahr erhöht worden, weil die Molkereien die Milch für immer längere Zeit haltbar machen wollen. Eine Haltbarkeitszeit von 14 Tagen ist ja eigentlich unnormal für Süßmilch.

Auch die Milch, die die Molkereien zum Käsen verwenden, wird gewöhnlich pasteurisiert und danach mit den erwünschten Bakterien geimpft. Dies tut man, um sicher mit Fäulnisbakterien zurechtzukommen und auch mit anderen »unerwünschten Gästen«. In der Meierei ist man ja darauf angewiesen, bei jedem Käse ein perfektes Resultat zu erzielen.

Auch müssen die an verschiedenen Tagen hergestellten Käse immer gleichwertige Qualität haben.

Im Ausland wird nicht alle Käsemilch entkeimt. Der Schweizerkäse Emmentaler und der französische Käse Gruyère werden aus unpasteurisierter Milch hergestellt. Dabei ist die Sauberkeit im Stall, beim Transport und in der Molkerei von entscheidender Bedeutung für das Endresultat.

Damit sich keine Sahneschicht in der Milchverpackung absetzt wird die Milch homogenisiert, d.h. die Fettkugeln werden gespalten, damit sie nicht zu Sahneklumpen werden.

Bei hausgemachtem Käse, sowohl hartem als auch weichem Lab- und Frischkäse, ist es ganz unnötig, der Kartonmilch extra Sahne beizufügen. Das Fett ist ja vorhanden, auch wenn es homogenisiert ist. Käse aus richtiger Magermilch hat man zu allen Zeiten hergestellt und die Kartonmilch hat auf jeden Fall einen größeren Fettgehalt als die Magermilch. Sahne soll man nur zusetzen, wenn man einen besonders luxuriösen Sahnekäse machen will.

Der Käse wird gerne körnig und nicht so wie er sein soll, wenn man gewöhnliche Ladenmilch verwendet, wie sie ist.

Die Stallmilch, für die die Rezepte berechnet waren, war meist sehr viel fetter. Manchmal war die Milch der Bergkühe, die auf der Alm weideten, so fett, daß sie nicht trinkbar war.

Die alten Originalrezepte sind oft sehr fett – es war vornehm und großzügig, viel Sahne zu verwenden.

29

Die Kuh Peggy von Björsarv gibt jeden Tag 20 Liter Milch. Nach dem Kalben gibt sie die meiste Milch. Danach nimmt die Milchmenge langsam ab und versiegt schließlich ganz, bis die Kuh wieder kalbt.

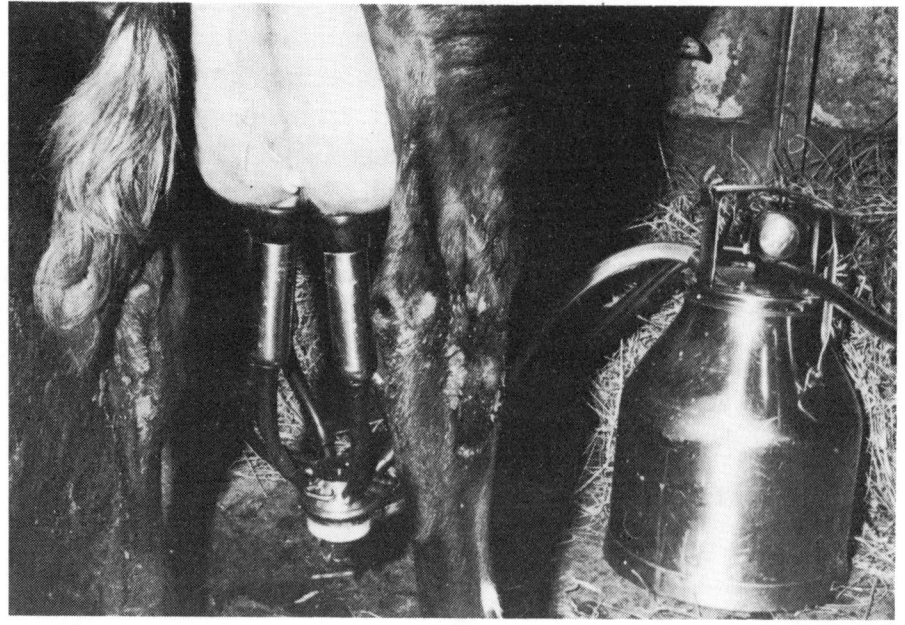

30

Echte Kuhmilch aus dem Stall

Wenn Du auf dem Lande wohnst ist es nicht so schwer, frische Kuhmilch zu bekommen. Aus hygienischen Ställen kann man aus unpasteurisierter Milch die herrlichsten Käse herstellen und hat dann auch gleichzeitig alle natürlichen Stoffe bewahrt. Hast Du die Wahlmöglichkeit zwischen Ladenmilch und frischer Kuhmilch, dann wähle unter allen Umständen frische Kuhmilch. Nunmehr hat die Milch beinahe immer gute Qualität. Wer Milch an Molkereien liefert, muß sich regelmäßigen Stichprobentests unterziehen. Wenn die Milch den hohen Qualitätsforderungen nicht entspricht, bekommt der Bauer eine Verwarnung und außerdem weniger bezahlt – darum sind alle bemüht, peinlich sauber zu spülen und erstklassige Hygiene zu bewahren.

Es können doch unerwünschte Bakterien in der Milch sein, und Milch die nicht gekühlt wird, ist schnell verdorben.

Laß darum die Milch nicht warm stehen und auf Dich warten, sondern fange sofort mit dem Käsen an. Einige Heim-Käsemacher mischen auch nichtpasteurisierte Milch mit Säurebakterien. Das machen sie, um den Milchsäurebakterien bei der Arbeit zu helfen, sodaß sie sich schneller vermehren und unnütze Bakterien verdrängen.

Wenn man kuhwarme Milch hat, geht das Käsen bedeutend schneller, weil man dann die Milch nicht auf Labtemperatur erwärmen muß. Sonst verwendet man am besten Milch vom Abend und läßt sie über Nacht kühl stehen. Am nächsten Morgen entrahmt man und mischt mit der Morgenmilch.

Einen Tag alte Milch reift ebenso schnell wie Milch, der man Säurebakterien zusetzt. Die Art, Abend- und Morgenmilch zu mischen, war beim Käsen zu Hause üblich und wird heute noch von verschiedenen Molkereien angewendet.

Sommermilch ist leichter zu käsen als Wintermilch.

Wenn Käse aus frischer Kuhmilch während der ersten Tage der Lagerung eine Tendenz zum Gären zeigt, enthält die Milch zuviele Kolibakterien. Dann riecht der Käse bitter und schlecht und ist nicht eßbar. Es gibt zwei Wege, dies zu vermeiden:

1. Man muß die Hygiene im Stall und in der Küche verbessern. Alle Teile der Milchmaschine müssen sorgfältig gespült werden und die

Euter der Kühe müssen sauber und gesund sein, ebenso wie ihr Futter. Beim Käsen ist es wichtig, genau und reinlich zu sein.

2. Falls das nicht hilft, entkeimt man die Milch, d.h. man erwärmt sie 15 Sekunden auf 72 Grad und kühlt sie dann schnell ab. Kolibakterien werden bei der Wärmebehandlung abgetötet, sodaß Molkereimilch niemals Kolibakterien enthält.

Warnung vor Antibiotika und Biestmilch

Kühe, die mit Antibiotika gegen Euterinfektionen oder andere Krankheiten behandelt wurden, haben an den darauffolgenden Tagen Reste der Medizin in der Milch. Abgesehen davon, daß wir keine Milch mit Antibiotika als Nahrung verwenden wollen, wird die Möglichkeit Käse zu bilden durch die kleinste Menge Antibiotika in der Milch herabgesetzt.

Nach der Behandlung sollten 3 – 4 Tage vergehen, ehe man die Milch wieder zur Käsebereitung verwendet.

Biestmilch, die Milch, die die Kuh in den Tagen direkt nach dem Kalben gibt, hat eine andere Zusammensetzung als gewöhnliche Milch. Sie erstarrt bei der Erwärmung und eignet sich nicht dazu, Käse herzustellen. Die Biestmilch kann man für andere Gerichte verwenden. Wenn die Kälber ihren Teil bekommen haben, wenn man einen Teil zu »kalvdans«, einer Art Käseauflauf, verarbeitet hat, und ein Teil tiefgefroren ist, kann man große Butten mit »långfil« machen, besonders aus der Milch vom dritten Tag nach dem Kalben. (Anm. der Übersetzerin: »Långfil« ist eine zähe Sauermilch, die nach altem nordländischen Rezept aus nicht homogenisierter, aber entkeimter Vollmilch hergestellt wird, der man schleimbildende Bakterienkulturen zusetzt. Wenn man »långfil« vom Löffel tropfen läßt, bildet sie lange (= lång) Fäden, wie nicht ganz steifgewordenes Gelee.)

Lab

Oft denkt man nicht daran, daß Kälber geschlachtet werden müssen, damit man Käse essen kann. Wenn man Käse mit Hilfe von Kalbslab herstellt, und das ist bei allen Hartkäsen und den meisten Weichkäsen der Fall, hat man den Labmagen von einem jungen Kalb verwendet, das nichts anderes als Milch getrunken hat.

In der Tat hat die Lebensmittelindustrie Probleme, genügend Lab für allen Käse aufzutreiben. Man hat mit einem großen Teil Labersatz experimentiert, wie z.B. Pepsin (einem Enzym im Magensaft) von Schweinen und mit Pilzlab. Man hat nicht nur in der Industrie experimentiert – in alten Zeiten machte man Lab auch aus den Eingeweiden anderer Tiere. Ein gewöhnlicher Kleinbauer konnte es sich nicht leisten, ein junges Kalb zu schlachten um Lab zu bekommen. Schweinemagen, Ziegenmagen, ja sogar Magen von Hecht und Hase wurden stattdessen verwendet.

Die neueste Idee ist, vom Labmagen des Kalbes eine Fistel (einen offenen Kanal) zu legen und so das Kalb als Labfabrik zu benutzen. Ein solches Kalb soll nach Meinung der Forscher 70 geschlachtete Kälber ersetzen.

Plötzlich bekommt man gewaltige Lust, voll und ganz auf Frischkäse überzugehen, die man ganz ohne Lab herstellen kann.

Es gibt verschiedene Arten von Lab zu kaufen.

Molkereilab ist das stärkste, Lab aus dem Laden das schwächste.

Dazwischen gibt es verschiedene Qualitäten Lab von verschiedenen Lieferanten. Der Qualitätsunterschied ist gering. Das Lab ist schwach, wenn es zubereitet wird, die starken Qualitäten erreicht man durch Konzentration der Labflüssigkeit.

Wirkliche Qualitätsunterschiede können auf der Lagerung im Laden beruhen. Lab soll kühl und dunkel (Kühlschrank) aufbewahrt werden, um das Gerinnungsvermögen unverändert zu erhalten.

Dennoch sieht man oft Flaschen mit Lab auf gewöhnlichen Regalen in den Geschäften stehen. Gib dem Geschäft dann ruhig einen Hinweis über die rechte Aufbewahrung.

Man kann Lab in Lebensmittelgeschäften, Chemikaliengeschäften und Apotheken kaufen. Wenn man sich der Qualität nicht sicher ist, kann man eine Probe von einigen Tropfen in eine Kaffeetasse tropfen, die halb mit lauwarmer Milch gefüllt ist. Man merkt sehr schnell, ob das Lab wirkt oder ob es lange dauert, bis die Milch gerinnt.

Eine Flasche Lab aus der Molkerei ist teuer, aber wenn man an die Konzentration denkt, sind die Kosten per Käse geringer mit Lab von der Molkerei als mit Lab aus dem Geschäft. Wenn man nicht regelmäßig Käse macht, kommt man gut mit einer kleinen Flasche Lab aus dem Geschäft aus.

33

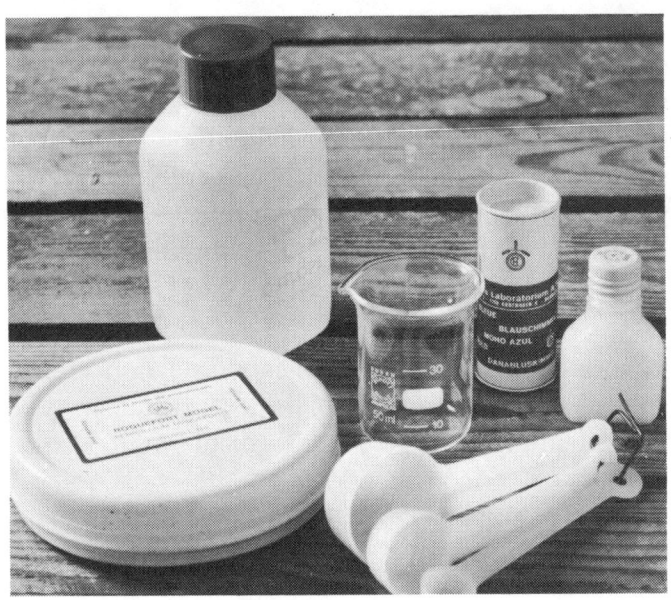

Käselab mißt man sorgfältig mit einem Meßglas oder Meßlöffel. Schimmelpulver aus der Dose reicht für eine ganze Gruppe Käsemacher.

Früher stellt man das Lab selbst auf dem Hof her, wo man Käse machte. Der Labmagen von einem Kalb, das nur Milch getrunken hatte, wurde gewaschen, saubergekratzt, gespült und mit Salz eingerieben. Eine Handvoll grobes Salz mußte im Magen liegen, manchmal mit dem Labinhalt, den man bei der Schlachtung vorfand. Dann wurde der Labmagen zum Trocknen aufgehängt und gespart bis man ihn benutzte. Der trockene Magen wurde »tjese« oder »tjäsmagen« genannt. Daher kommt auch der Name für Lab: »tjäswasser« (vergleiche mit dem englischen Wort Cheese oder dem deutschen Wort Käse).

Wenn der »tjesen« verwendet werden sollte, wurde er in einer kleinen Holzbutte in Wasser gelegt. Das Wasser, das sich zuerst bildete, wenn der »tjesen« weich wurde, schüttete man weg, aber der zweite Satz wurde dann als Lab verwendet. Zum nächsten Käsen wurde dann der Labmagen in Molke aufbewahrt. 8 – 10 mal konnte man den Kalbsmagen verwenden. Manchmal hatte man außerdem auch ein Stück Schweinemagen – aus dem Forscher später Labextrakt gewinnen konnten.

Säurezusätze für die Reifung der Milch

Wenn die Milch entkeimt ist, ist es notwendig, die zerstörten Bakterien durch neue zu ersetzen. Am einfachsten verwendet man gewöhnliche »filmjölk« (Sauermilch) vom Geschäft oder hausgemachte.

Die Milchsäurebakterien helfen, den Käse haltbar zu machen und ihm den rechten Geschmack zu geben. Sie verdrängen unter anderem verschiedene Buttersäurebakterien, die sonst den Käse zum Gären bringen könnten. Buttersäurebakterien werden bei der Entkeimung nicht getötet und sind deshalb sowohl in frischer Kuhmilch als auch in Ladenmilch vorhanden.

Man mischt die Säure in die Käsemilch, ehe man das Lab zusetzt. Zwischen der Zufügung der Säurewecker und dem Zusatz des Lab muß die Milch reifen. Die Milch reifen lassen bedeutet, daß man den zugesetzten Bakterien Zeit gibt, sich zu entwickeln, sodaß ein gutes Gleichgewicht zwischen den verschiedenen Milchsäurebakterien entsteht. Die Milch kann jedoch auch selbst reifen. In diesem Fall läßt man die Milch eine Weile ganz ohne Bakterienzusatz stehen, damit die Bakterien, die bereits in der Milch sind, wachsen und sich vermehren können.

Wenn man »Filmjölk« (Schwedenmilch, Sauermilch) direkt vom Eisschrank in die Milch mischt, dauert es eine Weile, ehe die Bakterien sich vermehren. Genau wie Krankheitsbakterien haben auch Milchsäurebakterien eine gewisse Entwicklungszeit, sie »schlafen« und brauchen etwas Zeit um »aufzuwachen«. In der Zwischenzeit können andere schlechte Bakterien wachsen und sich entwickeln, und die nützlichen Bakterien kommen ins Hintertreffen. Darum ist es gut, wenn wir die Milchsäurebakterien rechtzeitig »aufwecken«, damit sie munter werden. Für einen Käse aus 10 Liter Milch kocht man einen Deziliter auf, z.B. in einem rostfreien Meßbecher, und kühlt ab bis 10 – 20 Grad. Danach rührt man einen Eßlöffel Sauermilch, Buttermilch oder Molke (Starterkultur) zu und läßt das ganze an einem warmen Platz bis zum nächsten Tag stehen. Man kann die Mischung auch in eine Thermosflasche füllen.

Am nächsten Tag mischt man diese Bakterienkultur mit der Käsemilch, die bis zu 30 Grad erwärmt sein soll. Nach etwa 15 – 20 Minuten Reifung ist es Zeit, Lab hinzuzufügen. Man kann eine eigene Bakterienkultur aus Sauermilch machen. Um eine reine Säure zu bekommen, muß man die Bakterien einige Male umsetzen und dabei gekochte Milch verwenden, in der alle Bakterien abgetötet sind. Man läßt zuerst eine Tasse Milch warm stehen bis sie sauer wird. Nach etwa zwei oder mehr Tagen, wenn die Milch sauer ist, wird sie »umgepflanzt«. Koche einige Deziliter Milch auf, kühle sie ab auf Zimmertemperatur (ungefähr 20 Grad) und mische mit der gesamten oder einem Teil der sauren Milch. Nachdem diese Milch gesäuert ist, wiederholt man den Vorgang bis man als Endresultat eine Sauermilch hat, die frisch säuerlich riecht und schnell sauer wird. Dann hat die Sauermilch einen hohen Gehalt an Milchsäurebakterien und den kleinstmöglichen Gehalt an schlechten unerwünschten Bakterien, das Konzentrat ist »reiner«. Sobald eine neue Zucht Sauermilch gesäuert ist, kühlt man sie ab und verwahrt sie im Kühlschrank. Jeden zweiten Tag ist es notwendig, die Sauermilch »umzupflanzen«, damit sie immer frisch bleibt.

Sogenannte Säurewecker, die man verwendet um eine gute, reine Milchsäurebakterienkultur zu erhalten, kann man auch kaufen, Gebrauchsanweisung liegt bei.

Schimmelkulturen

Edelpilzkäse (Grünschimmelkäse Roquefort, Gorgonzola) und Camembert – auch solchen Käse können wir daheim machen. Zwar werden sie nicht so perfekt geschmeidig und aromatisch wie die echten Käse, aber doch genügend gut, daß sie die Arbeit wert sind. Im übrigen ist ein hausgemachter Grünschimmelkäse ebenso echt wie ein gekaufter. Echter Roquefortkäse dagegen ist nur einer, der aus den Grotten von Roquefort kommt.

Schimmelkulturen kauft man am einfachsten im Lebensmittelgeschäft. Wenn Du ein Stück Grünschimmelkäse kaufst, hast Du die Schimmelkultur in der Hand. Dasselbe gilt für alle verschiedenen Schimmelkäse, die es im Handel gibt.

Wie man es macht, siehst Du im Kapitel über Schimmelkäse.

Packungen von reingezüchteten Schimmelkulturen sind eigentlich für den großen Bedarf der Molkereien vorgesehen, sodaß man für den Hausgebrauch nur den Bruchteil einer Messerspitze verwenden darf. Man braucht also äußerst wenig und leider sind die Schimmelkulturen

36

nicht sehr lange haltbar, wenn die Verpackung einmal geöffnet ist. Man muß also damit rechnen, daß man für bedeutend mehr bezahlt, als man anwenden kann. Es wäre klug, wenn sich eine ganze Gruppe »Käsemacher« zusammenschließen würde, wie früher zu den althergebrachten Käsefesten, die man »Ystagille« nannte.

Salz und Gewürze

Das Salz ist in erster Linie kein Gewürz, wenn man Käse macht, sondern ein Konservierungsmittel. Das Salz stoppt die Vermehrung der Bakterien im Käse. Bakterien sind sowohl guter als auch schlechter Art. Gute Bakterien wirken sich auf den Geschmack und die Konsistenz des Käses aus. Mit Hilfe von Salz steuern die Molkereien sehr genau den Entwicklungsgang der Bakterien. Hausgemachter Käse

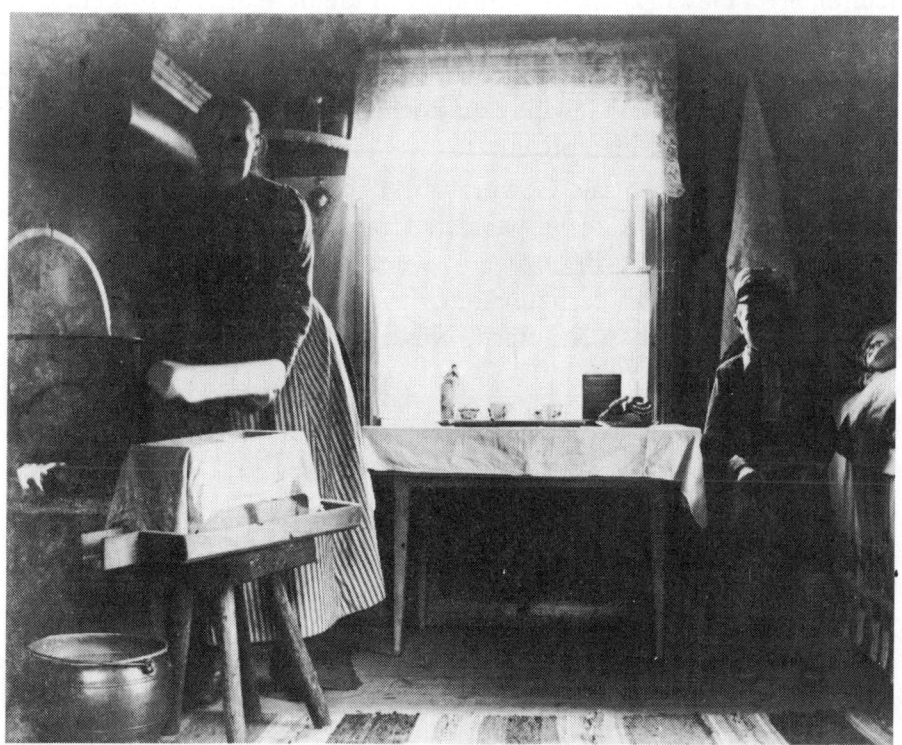

Käsebutte, Käserinne, ein Kessel der die Molke auffängt und der Goldklumpen: der fertige Käse, den die Mutter herzeigt. Aus dem Fotoalbum und Archiv von Dellenbygden.

wird mehr nach dem Gefühl gewürzt. Entweder wird er von außen gesalzen, um ihn gegen Bakterien zu schützen, die von außen kommen. Oder sonst streut man Salz über die Käsemasse, ehe man den Käse formt, z.B. wenn man »prästost«, Hartkäse, macht. Meistens hält sich der Käse eine gute Weile ganz ohne Salz. Wenn man also besorgt ist, zuviel Salz in der Nahrung zu haben, kann man das Salzen ganz lassen, und man überläßt es den Milchsäurebakterien, die verderblichen Bakterien in Schach zu halten.

Gewöhnliche Käsegewürze sind Kümmel und Nelken, auch Ingwer hat man für Käse benutzt.

Versuche nun ja nicht, die Kümmelkörner zu mahlen, damit sie mehr Geschmack abgeben sollen. Die Folge davon wäre, daß der Käse schmutzig aussieht. Dagegen kann man die Kümmelkörner gerne erweichen, indem man kochendes Wasser darüber gießt. Laß das ganze ein paar Minuten stehen, siebe die Körner ab und trinke das Wasser als Kümmeltee. Gewürznelken kann man in kleinere Stücke stoßen. Das entstehende Pulver kann man wegblasen und die Stückchen ebenso mit kochendem Wasser übergießen wie den Kümmel. In den Molkereien ist es üblich, die Gewürze zu kochen, damit man ganz sicher ist vor Schimmel- und Hefepilzen.

Alkohol wird sowohl als Gewürz als auch als Konservierungsmittel für hausgemachten Käse verwendet. Cognac oder Portwein als Geschmacksnuance oder Branntwein, wenn es gilt, Schimmel von der Außenseite des Käses fernzuhalten. Frischkäse locken zum Experimentieren mit frischen Kräutern, Nüssen, Pfeffer und Knoblauch.

Geräte für die Käseherstellung

Man braucht keine verwickelte Apparatur oder teure Geräte, um Käse zu machen. Man kann gut mit dem auskommen, was man in einer normalen Küche vorfindet. Für die ersten vorsichtigen Versuche brauchst Du nicht einmal eine Käseform anzuschaffen. Sicher gibt es etwas anderes in Deiner Küche, das Du zum Formen des Käses verwenden kannst. Wir fangen mit Geräten an, die für die ersten Versuche mit hartem und weichem Labkäse gebraucht werden:

Einfache Geräte für die ersten Versuche

Ein großer Kochtopf wird gebraucht. Eine große Menge Milch ist notwendig, um einen kleinen Käse herzustellen. Man bekommt ungefähr hundert Gramm Käse aus einem Liter Milch. Ein Hartkäse, der gelagert werden soll, darf nicht zu klein und dünn sein, sonst bleiben von dem Käse nur Rinden übrig, wenn er getrocknet wird. Also einen Topf, der zehn Liter faßt, muß man mindestens haben. Der Einkilokäse, den man aus zehn Litern Milch bekommt, ist genau richtig für den Anfang. Wähle selbst im Hinblick auf die Größe des Käses und die Milchmenge, die zur Verfügung steht.

Für Ziegenkäse sind die Verhältnisse ungefähr die gleichen. Für Schafkäse reicht ein Topf der drei Liter faßt. Da die Schafmilch einen größeren Gehalt an Trockensubstanz hat, ist sie wesentlich ergiebiger.

Dann brauchst Du etwas zum Umrühren, damit die Milch gleichmäßig erwärmt wird. Eine lange Holzgabel oder ein Schaumlöffel (mit Löchern) sind anwendbar. Ein gewöhnlicher Holzlöffel tut es natürlich auch, aber die Milch schwappt leicht über, wenn man etwas zu hastig rührt.

Um die Temperatur der Milch zu messen, ehe man das Lab hinzufügt, ist es beruhigend, wenn man ein Thermometer hat. Man kann ein gewöhnliches Zimmerthermometer verwenden, wenn man kein anderes zur Hand hat.

Wie alle anderen Geräte muß auch das Thermometer sehr sauber sein. Mit einem Eßlöffel und einem Teelöffel mißt man das Lab.

Während der Gerinnung muß der Topf einen Deckel haben, sodaß die Milch nicht zuviel von der Wärme verliert. Man kann den Topf auch mit einem Handtuch anstatt mit einem Deckel verschließen. Zum Teilen braucht man ein langes Messer oder einen langen Bratenwender, dessen Klingenlänge der Tiefe des Topfes entspricht.

So nach und nach wird die Käsemasse mit einem Löffel oder sehr sauberen Händen aufgenommen, und man läßt sie in einer dränierten Form ablaufen. Ein größeres Sieb ist dafür ausgezeichnet geeignet. Ein geflochtener, leicht durchbrochener Korb kann dem Käse ein schönes Muster geben. Man kann auch Dränierungslöcher in einen Plastikeimer oder eine Konservenbüchse bohren oder den Boden herausnehmen – am Ende kann man keine Dose mehr ansehen ohne darüber nachzudenken, ob sie sich nicht als Käseform eignet.

Formen, die nicht aus Holz sind, lassen den Käse zu schnell abkühlen, und das erschwert das Abrinnen der Molke. Da muß man daran denken, das ganze mit einem Handtuch zuzudecken oder warme Molke in einer Schale unter dem Sieb stehenzulassen, um die Wärme zu erhalten.

In der Form muß ein Käsetuch liegen. Es geht gut mit einem gewöhnlichen Leinenhandtuch oder einem anderen Stück Tuch, das der Größe der Form angepaßt ist. Das Tuch leitet die Molke weg und isoliert die Käsemasse. Es gibt dem Käse auch sein Muster und bewirkt, daß die Außenschicht die abgehende Molke durchläßt.

Die Form sollte auf einer Schale oder einem Tablett mit hohen Kanten liegen, die die von der Käsemasse ablaufende Molke aufnimmt. Man muß das Tablett oft leeren. Die Form kann auch auf einem Holzbrett auf der Spülbank stehen. Dann läuft die Molke allerdings nutzlos in den Ablauf. Wenn der Käse unter Druck geformt werden soll, braucht man einen umgedrehten Teller passend zum Sieb oder eine andere Art Deckel, den man mit einem Gewicht beschweren kann.

Formpyramiden für weiche Käse

Weiche Labkäse müssen lange stehen um ablaufen zu können. Wenn der Käse und das Käsetuch immerzu »die Füße« in der Molke haben, funktioniert die Dränierung nicht und der Käse saugt dauernd Molke vom Boden der Schale auf. In alten Zeiten hatte man eine ausgehöhlte

Weiche Dessertkäse mit einem Geschmack den man selbst bevorzugt, sind billig und leicht herzustellen. Hier wird die Käsemasse in einer Konservendose ohne Boden mit Gewürzen gemischt.

Ein Stein oder ein anderes Gewicht drückt die Form gegen die Unterlage, sodaß die Käsemasse nicht herauslaufen und die Form umstürzen kann.

Ein Schnittlauchkäse oder ein Grünschimmelkäse sind fertig nach zwei Tagen in den Formen. Die Käse können sofort gegessen werden, schmecken aber noch besser, wenn man sie eine Weile im Kühlschrank lagert, eingepackt in Butterbrotpapier, Folie oder Plastik.

Holzrinne, um die Käseform hineinzustellen (siehe Bilder S. 24, 37 und 77). Von der Rinne lief die Molke in einen Eimer, und der Käse stand darum immer trocken. Bei unseren einfachen Versuchen müssen wir das Abrinnen auf andere Weise ordnen.

In das Tablett oder die Schale, welche die Molke aufsammeln soll, stellen wir einen sogenannten Ablauftisch. Das kann ein gewöhnliches kurzes Holzbrett sein, ein umgedrehter Eßbehälter oder ein umgedrehter Teller mit ganz flacher Unterseite.

Wähle keinen Teller bzw. keine Form mit einem Ring auf der Unterseite, da der Ring die Molke am Ablaufen hindert.

In kleinen blanken Formen kann man Dessertkäse auch ohne Dränierungstuch machen. In diesem Fall schneidet man ein grobmaschiges Tuch zurecht und legt es zwischen die Form und den Ablauftisch in die Schale. Dann hat man eine sogenannte Ablaufmatte. Aber auch diese darf »die Füße« nicht in der Molke haben. Laß sie also nicht bis auf den Boden der Schale hängen. Der fertige Käse bekommt dann sein Muster nach dem Tuch. Auf feinen ausländischen Käsen kann man oft so ein Muster sehen, das aus Stroh- oder Grashalmen gemacht ist, auf denen die Käse während des Abrinnens liegen.

Eine dünne Metallform oder Plastikform ist oft so leicht, daß der Käse sich durch den Boden drückt. Wenn man nur leicht gegen die Form stößt, hüpft der ganze Käse heraus und man muß nochmals von vorne beginnen. Darum muß ein solcher Käseformstapel mit einem Gewicht beschwert werden, das die Form gegen die Unterlage drückt. Das kann auch eine umgestülpte schwere Tasse sein, die über eine kleine Form paßt, oder ein Teller, der mit dem Stössel beschwert wird. Auch ein passend großer Stein ist anwendbar. Falls man den Stein direkt von der Erde nimmt, muß er erst in kochendem Wasser steril gemacht werden. Die Käsemasse soll nicht so hoch gepackt werden, daß das Gewicht auf der Masse ruht – weiche Käse formt man ohne Druck.

Geräte für Frischkäse und Sauerkäse

Da Frischkäse nicht so sorgfältig abrinnen müssen wie gelagerte Käse, braucht man auch nicht soviele Geräte. Zu Beginn der Herstellung braucht man einen Topf, dessen Größe der Menge angepaßt ist, die man verarbeiten will, eine Holzgabel zum Rühren und etwas zum

Dränieren. Hier gibt es verschiedene Rezepte, unter denen Du jene wählen kannst, welche Dir und Deiner Küche am besten passen. Ein Sieb und eine Schale für die Molke sind wichtig. Manchmal legt man ein Tuch in das Sieb, dazu genügen ein Handtuch oder ein Taschentuch.

Wenn man das Tuch über einem Gefäß festbindet oder wie ein Bündel von einem Haken vom Schrank über der Spülbank hängen läßt, muß man natürlich eine Schnur und einen stabilen Haken haben.

Will man dem weichen Frischkäse eine feine Form geben, benutzt man eine kleine Schale mit einem dünnen Tuch, in das man die Käsemasse preßt, ehe man sie auf einen Teller stülpt.

Geräte für den fortgeschrittenen Käsemeister

Wenn man regelmäßig Käse macht, z.B. zu Festen und größeren Feiertagen, kann es angenehm sein, eine mehr rationelle Ordnung zu haben. (Das muß nicht unbedingt ein häßliches Wort sein.)

Wenn man noch keinen Zehnlitertopf hat, sollte man sich jetzt einen besorgen, vielleicht sogar einen noch größeren. Ziegenbesitzer, die selbst Käse zum Verkauf machen, haben gewöhnlich Töpfe, die dreißig oder sechzig Liter fassen. Wenn man aus Kuhmilch größere Käse als mit dem Gewicht von einem Kilo machen will, dann braucht man schon einen Topf der mehr als zehn Liter faßt.

Ein ordentliches langes Thermometer ist notwendig für den, der die Kunst des Käsemachens weiterentwickeln will. Es genügen einige wenige Gradunterschiede beim Erwärmen der Milch, um zwei völlig verschiedene Käse zu erhalten.

Darum sollte man nur ein Thermometer verwenden, auf dem die Gradanzahl deutlich zu sehen ist. Und es sollte so lang sein, daß es bis auf den Boden des Topfes reicht. Man muß ja trotzdem gründlich umrühren, um die Wärme gleichmäßig im Topf zu verteilen.

Für die Messung des Labzusatzes kann man ein Meßglas mit Millimetereinheiten (Pipette) verwenden, besonders wenn man stark konzentriertes Molkereilab anwendet. Plastikmeßsätze haben gewöhnlich Löffel für 1 ml, 5 ml und 15 ml. Kleine Medizinmaße kann man auch verwenden, besonders wenn man Lab aus dem Geschäft hat, das immer in größeren Portionen als Molkereilab gemessen wird.

Man braucht nicht viele Geräte zu kaufen, um Käse zu machen, ein Sieb, eine Passierwiege oder eine Konservendose ohne Boden reichen ausgezeichnet. Ein Teller als Deckel, ein Stein als Gewicht, und ein Tablett mit hoher Kante für die Molke, die vom Käse abläuft – einfach und billig.

Wenn man die Käsemasse aus dem Topf nimmt, hat man manchmal Verwendung für einen Schaumlöffel (wie man ihn auch zum Abschäumen von Gelee verwendet), von dem die Molke leicht abrinnen kann, wenn man die Käsemasse einfüllt. Bei der Herstellung von weichem Labkäse soll die Masse vorsichtig in recht schmale Formen gefüllt werden. Da ist es gut, einen Löffel mit so starkem Winkel zwischen Löffel und Stiel zu haben, daß er bis auf den Boden einer schmalen Form reicht.

Es gibt eine Menge Käseformen. Konservendosen ohne Boden sind ausgezeichnet, kleinere zu weichen Labkäsen und größere Kaffeedosen für ein Kilogramm schwere harte Käse oder flache Grünschimmelkäsetorten. Eine Alternative zu Konservendosen ohne Deckel ist, daß man Löcher in die Seiten und den Boden bohrt. Man kann auch mit dem Hammer und einem Nagel Löcher schlagen.

45

Früher machte man alle Käseformen aus Holz. Holz isoliert gut, sodaß der Käse lange die Wärme hält. Plastik- oder Blechformen wirken stattdessen abkühlend während des Pressens. Die Abkühlung behindert das Abrinnen der Molke. Denke darum daran, die Form mit einem dicken Handtuch oder etwas Ähnlichem zu schützen, damit die Wärme erhalten bleibt.

Nach altem Modell kann man auch viereckige Holzformen zurechtschreinern. Das ist gar nicht schwierig. Mach die Form wie eine kleine Kiste ohne Boden und füge die Seiten mit Holzleim und Schrauben zusammen. Da das Holz sich ausdehnt, wenn die Form von der Molke feucht wird, ist es wichtig, daß die Form stabil ist.

Eine Form, die nur mit Nägeln zusammengefügt ist, wird schnell unbrauchbar. Auch in einer Form, die mit Schrauben zusammengefügt ist, können sich Bakterien in den Schraubenlöchern bilden und das Holz kann verderben. Am besten ist es Holzzapfen zu schnitzen, mit denen man die Seiten zusammensetzt und außerdem leimt.

Die Größe der Form mußt Du nach der Größe des Käses wählen, den Du machen willst, oder der Größe des Topfes anpassen, in dem die Milch angewärmt wird. Eine Form, die 17 cm lang, 15 cm breit und 14 cm hoch ist, kann für Hartkäse zwischen 2 und 3 Kilogramm angewendet werden. Dazu muß man einen 30-Liter-Topf für die Milch haben. Eine solche Form kann auch für flachere Käse wie Grünschimmelkäse und port salut verwendet werden. Für die Form verwendet man Brettchen von 14 cm Breite und eineinhalb cm Dicke (siehe Foto). Früher hatte man Holzformen mit genieteten oder eingeschwalbten Wänden. Auf dem Bild Seite 83 kannst Du sehen, wie das aussieht. Man konnte auch die Seiten der Holzstücke so zuschnitzen, daß man sie ineinanderfügen konnte (siehe unteres Bild auf Seite 24). Eine Art, die vielleicht leichter herzustellen ist als geschnitzt und genietet, ist eine Käseform, die man auseinandernehmen kann und die mit Zapfen zusammengesetzt wird. Wenn man sich anschaut wie ein Webstuhl zusammengesetzt ist, versteht man das Prinzip. Siehe Bild Seite 70 oben.

Der Vorteil einer Form, die man auseinandernehmen kann, ist, daß sie besonders hygienisch ist. Es sammeln sich keine Molke- oder Käsereste in Ecken und Winkeln, alles ist leicht zu spülen und schnell zu trocknen.

Wenn Du Dich entscheidest, welche Maße Du für die Form wählen willst, denke daran, daß der Käse eine so kompakte Form wie möglich

46

Diese einfache selbstge-schreinerte Käseform, die hochkant gestellt ist, damit man sieht wie sie gemacht ist, ist sowohl geleimt als auch geschraubt. Die Maße findet man im Text, aber man kann natürlich die Form nach eigenen Wünschen größer oder kleiner machen.

haben soll. Lieber kurz und dick als breit und dünn. Das gilt für harte Käse, die eine trockene Außenfläche als Schutz gegen Schimmel und Bakterien haben müssen. Weiche Käse kann man gerne flacher machen, wie z.B. die Brietorte in der Käseabteilung der Geschäfte. Eine geschreinerte Holzform ohne Boden sollte nicht dicht an die Unterlage anschließen, weil sonst die Molke nicht richtig abrinnen kann. Es reicht, wenn die Stützleisten in den Ecken einen Millimeter länger sind als die Seitenteile. Hat man keine Stützleisten, dann kann man die unteren Kanten so zuschneiden, daß sie etwas abgerundet sind.

Käse, die ein Kilogramm oder weniger wiegen, kann man auch gut in einem Sieb formen und ablaufen lassen. Wenn man den Käse in den ersten Stunden öfters wendet, bekommt er eine hübsche kreisrunde Form. Ein altertümliches Sieb auf Stützen hat Platz für größere Käse.

Ein Teil der ausländischen Käse werden ganz ohne harte Formen geformt. Man packt ganz einfach den Käse in ein Handtuch und wringt aus, sodaß die Käsemasse zusammengeht.

Dann darf der Käse ein paar Tage oder mehr in einem Eimer liegen (wegen der Molke), mit einem Gewicht auf dem Käseklumpen. Ab und zu wendet man das Paket. Dann wickelt man den Käse in ein Tuch: eine Mütze auf die eine Seite des Käses, umdrehen und ein run-

47

des Tuchstück als Mütze auf die gegenüberliegende Seite, und zum Schluß wickelt man ein langes, schmales Tuchstück als Bauchbinde um die Seiten des Käses. Der langschmale Teil schließt die Kanten der oberen und unteren »Mütze« ab.

Zu den Formen kann man ein Holzstück oder einen Teller mit einem Gewicht obenauf benutzen, dann wird der Käse gleichmäßig geformt.

In der Käseform soll ein Käsetuch liegen (der alte Name ist »plögg«). Durch das Tuch wird die Außenseite des Käses nicht blank und dicht wie in einer Form ohne Tuch. Darum kann die Feuchtigkeit im Käse leicht passieren und vom Tuch aufgenommen werden. Dann leitet das Tuch die Molke, sodaß sie ordentlich vom Käse abrinnt. Der Käse bekommt Muster vom Tuch, darum soll man es schön glatt legen.

Viereckige Käse werden am feinsten, wenn man ein formgenähtes Tuch verwendet.

Man kann auch zwei schmälere Tuchteile verwenden und jeden in eine Richtung legen. Dann liegt das Tuch doppelt am Boden und einfach an den Seiten. In einem Sieb kann man das Tuch so zurechtziehen, daß der Käse keine Druckmuster bekommt, aber dann muß das Käsetuch aus durchsichtigem Gewebe sein.

Je gröber das Tuch, desto gröber das Käsemuster. Die gemusterte Oberfläche hat den Vorteil, daß der Käse schneller trocknet als wenn die Oberfläche glatt ist. Zum Ablaufen der Molke ist natürlich eine altertümliche Käserinne am allerbesten. Diese wurde aus einem dicken Holzbrett gemacht, das man so aushöhlte, daß das Brett Kanten bekam. Setzt man Holzleisten als Kanten, dann schafft man ein gutes Milieu für schlechte Bakterien. Wenn jedoch die Kanten geschnitzt waren, konnte die Molke nirgends hineinkriechen und sich festsetzen und schimmeln (siehe Bild Seite 107).

Kann man selbst nicht etwas Ähnliches machen (oder eine richtige alte Käserinne entdecken), dann geht es vielleicht mit einer gewöhnlichen Auflaufform aus Blech.

Eine Blechauflaufform, die man nur für Käse verwendet, kann man etwas zurechtmachen. Mache ein Loch in die eine Kante, sodaß die Molke ablaufen kann, nach und nach, wenn sie sich vom Käse trennt. Nimm die Auflaufform mit zu einem Schmied oder einer Autowerkstatt, dann ist die Sache schnell geordnet.

48

Gewichte können nützlich sein für die Käsebereitung, wenn der Käse gepreßt werden soll. Es brauchen keine Kilogewichte zu sein, sondern es geht auch mit Steinen verschiedener Größe. Ein wichtiges Hilfsmittel für die Herstellung von Käse ist der Platz für die Lagerung. Je nach Gegebenheit kann man Arbeitsbänke, Buchhüllen, Tische und alle Arten von Abstellplätzen in der Wohnung benutzen. Aber wenn es dann anfängt überall nach Käse zu riechen und der Käse immer älter wird, beginnt die Familie sicher zu protestieren.

Ein besonderer Küchenschrank kann Lagerplatz für Käse werden, der gewöhnliche Zimmertemperatur erfordert. Hat man einen Keller, kann man dort Käse lagern, der es kühl haben will. Im allgemeinen reicht Zimmertemperatur während der Lagerung. Auch die Reifung schreitet dann am schnellsten fort. Den Kühlschrank kann man verwenden, wenn der Käse seinen rechten Geruch und Geschmack bekommen hat und länger gelagert werden soll. Lies mehr über Lagerung und Lagerplätze auf Seite 89.

Schreib auf was Du machst

Besorge Dir ein Notizbuch oder Papier und Bleistift zum Aufschreiben während der ersten Versuche. Wenn man nicht aufschreibt, was man gemacht hat, ist es schwer, nach einem Monat zu wissen, wie der Käse zustandegekommen ist. Es ist wie in der Schule, wenn man Notizen macht, ist es leichter zu lernen.

Zunächst schreibst Du auf, an welchem Tag der Käse gemacht worden ist. Schreibe auf, wieviel Milch Du gebraucht hast, ob es Magermilch oder Vollmilch war, ob Du auch Sauermilch (Schwedenmilch) im Topf hattest (Reifungszeit, Menge).

Schreibe die genaue Temperatur auf, bei der das Lab zugefügt wurde, die Zeit der Gerinnung und des Nachkäsens, die Temperatur der Molke beim Nachkäsen. Schreibe auf, wie Du die Käsemasse aus dem Topf genommen hast, ob der Käse gesalzen wurde und wie lange er in der Form lag. Alles, woran man denken muß, sollte man aufschreiben. Wenn der Käse perfekt wird, kann man den nächsten genau auf die gleiche Weise herstellen. Wenn er nicht so gut wurde, kann man den einen oder anderen Arbeitsmoment ändern. Vielleicht länger nachkäsen oder höhere oder niedrigere Temperatur? Auch über die

49

Lagerung kann man Aufzeichnungen machen: Zeiten und Temperaturen, und ob Schimmel oder Risse in den Käse gekommen sind. Besonders wenn man verschiedene Käse gemacht hat, ist es wichtig, Aufzeichnungen zu haben, um die Käse auseinanderhalten zu können. Auf diese Weise lernt man soviel wie möglich, sowohl von geglückten als auch mißglückten Versuchen, Käse zu machen.

Mache zuerst einen Frischkäse

Ehe man damit beginnt, richtigen Hartkäse zu machen, kann es eine gute vorbereitende Übung sein, zuerst einen Frischkäse herzustellen. Das geht schnell, man braucht keinen ganzen Tag zu opfern und man kann kleinere Mengen ausprobieren. Die wichtigsten Grundsätze für das Käsemachen zeigen sich schon, wenn man Frischkäse herstellt: das Kasein, ein Teil des Eiweißes im Käse, sammelt sich in kleinen Klumpen, und wenn man diese Käsekörner zu einer festen Masse formt, bleibt eine halbdurchsichtige gelbgrüne Flüssigkeit übrig, die Molke. Einen Frischkäse kann man direkt essen, sobald die Molke ordentlich abgesondert ist, und der eifrige Probe-Käsemacher kann beinahe sofort den ersten Versuchskäse aufessen.

Was ist ein Frischkäse?

Frischkäse ist der alte Name, der bezeichnet, daß der Käse keine längere Zeit der Lagerung verträgt. Wie wir bald sehen werden, gibt es auch gelagerten Frischkäse, aber das ist eine Ausnahme.
In der Molkereisprache nennt man das Sauerkäse, weil das Kasein mit Hilfe von Säuren und nicht von Lab gebunden ist.
Wenn die Milch warm stehen darf, wird sie sauer. Das wird bewirkt durch Milchsäurebakterien, die sich vermehren und die Milch zum Verdicken bringen. Milchsäurebakterien sind für den Menschen nicht schädlich, im Gegenteil, man verwendet sie ja wenn man konserviert, z.B. Sauerkraut, sauren Hering und Ähnliches. Fäulnisbakterien sind dagegen im Essen nicht erwünscht. Wenn die Milch richtig lange stehen bleiben darf, kann sie sowohl faulen als auch gären, falls Bakterien, die solche Vorgänge steuern, hinzukommen. Die Milchsäurebakterien verdrängen die schädlichen Bakterien, darum ist Dickmilch nicht gefährlich zu trinken. Man kann Milchsäurebakterien reinzüchten. Solche Züchtungen (Bakterienstämme) verwenden die Molkereien, um den Säuregehalt des Käses zu regulieren. »Filmjölk« (Schwedenmilch, Sauermilch) ist eine Art reingezüchtete Säure. Darin sind Fäulnisbakterien und andere schlechtere Konkurrenten verdrängt. Viele saure Stoffe können die Milch zum Gerinnen bringen: Säure in

51

Der »filmjölk«käse wird aus gewöhnlicher Sauermilch (Schwedenmilch) gemacht, die ein wenig erwärmt wird, und die man dann durch ein Sieb gießt, das mit einem Tuch ausgelegt ist. Das ist der Frischkäse, der am meisten dem europäischen Quark ähnelt. (Anm. der Übersetzerin: einen solchen Frischkäse kann man auch gut aus der in Deutschland wohlbekannten Dickmilch machen)

52

»filmjölk« (Sauermilch) und Buttermilch, Yoghurt und »långfil« (Kefir), Säure in natürlich gealterter Milch, Zitronensäure, Essig usw. Viele Molkereikäse stellt man mit viel Säure und weniger Lab her. Diese werden Säurelabkäse genannt.

In Gemeinden, wo die Tradition, Frischkäse zu machen noch lebendig ist, sagt man oft Frischkäse, ohne die Herstellungsweise näher zu bestimmen. Der Käse kann mit »filmjölk« (Sauermilch) oder natürlich gesäuert sein.

Meine Bezeichnung der verschiedenen Frischkäse habe ich aus rein praktischen Gründen gewählt. Darum will ich nicht behaupten, daß alle die verschiedenen lokalen Namen falsch sind. Die Namen für verschiedene Frischkäse, aber auch für Käsegerichte mit Lab, sind durch Generationen vererbt und richtig für die Gemeinde, in welcher man sie anwendet, auch wenn man in der einen oder anderen Gemeinde dasselbe Gericht mit ganz verschiedenen Namen bezeichnet.

Natürlich gesäuerter Frischkäse

Lisa Wetonen, die seit vielen Jahren in Schweden wohnt, hat ein Rezept für Frischkäse ganz ohne irgendwelche Zusätze. Lisa hat das Käsemachen von ihrer Mutter in Hämeenlinna (Tavastehus) gelernt, und ihre Großmutter hat Käse auf dieselbe Weise gemacht. Sauerkäse wie diesen hat man im ganzen Norden hergestellt.

Lisa macht niemals weniger Käse als von fünf Liter Milch, und am liebsten verwendet sie »richtige Kuhmilch«. Wenn sie keine Milch direkt vom Stall bekommen kann, kauft sie fünf Liter gewöhnliche Süßmilch und mischt sie mit zwei Deziliter Sahne. Auf diese Weise werden Geschmack und Konsistenz des Frischkäses am besten.

Wenn man diesen Frischkäse zum ersten Mal macht, kann man es mit einem kleinen Satz versuchen. Zwei Liter Milch und ein Deziliter Sahne ist genau die richtige Menge um zu beginnen.

Die Sahnemilch soll in einem Topf mit Deckel so warm wie möglich stehen. Neben dem Herd ist es gewöhnlich warm genug, wenn man die Platten zum Essenkochen verwendet, oder auch wenn der Backofen in Betrieb ist, ist die Oberseite des Herdes genau richtig warm. Man kann auch die Nachwärme der Herdplatte verwenden, wenn man ein Gitter zwischen die Herdplatte und den Topf legt, sodaß es nicht allzu warm wird.

Lisas Mutter hatte den Topf auf dem Holzofen. Ein richtiger alter Holzofen mit Ringen wird an den Seiten nicht so warm wie ein Holzofen mit ganzen Platten. Wer einen neueren Holzofen hat, kann einen Dreifuß unter den Topf stellen, während der Herd geheizt wird, damit die Milch nicht zu warm wird. Besonders am Anfang muß man ab und zu in dem Topf rühren wenn die Wärme nur von unten kommt, damit die gesamte Milch warm wird. Aber rühre nicht, wenn es anfängt, sauer zu riechen, sonst zerstört man die Käsemasse.

Wer einen Wärmeschrank hat, kann auch diesen ausnutzen. Auch auf dem Eisschrank ist es gewöhnlich warm. Hat man dort Platz, so kann der Topf da stehen.

Wenn man die Milch auf einen warmen Platz stellt, wird sie schneller sauer. Sie soll nicht schimmelig werden, wie Milch, die langsam sauer wird und lange steht.

Wenn man nach mindestens zwei Tagen sieht, daß die Milch sauer wirkt und dick geworden ist, ist es Zeit, zu unterbrechen. Mit einem Bratenwender wird die Masse im Topf in Teile von ungefähr fünf bis sechs Zentimetern Größe geteilt.

Setze den Topf auf schwache Wärme (Nr. 1) ohne zu rühren. Der Inhalt darf nicht wärmer werden als 40 Grad.

Wenn die Molke sich von der Käsemasse gelöst hat, nimmt man den Topf vom Herd. Laß ihn ganz abkühlen. Lege ein Handtuch oder ein kleineres Stück Tuch, falls es sich um einen kleineren Satz handelt, in ein Sieb, und fülle es mit der kalten Käsemasse, sodaß sie abrinnen kann. Vorsichtig auswringen. Lege einen Teller mit einem Gewicht obenauf (einen Stössel oder Stein) und laß das ganze über Nacht kühl stehen.

Am nächsten Morgen stürzt man den Käse, und er ist fertig zum Essen. Falls etwas übrig bleibt, kann man den Käse einfrieren.

In Finnland legte man die Käsemasse in ein altertümliches Sieb mit Seiten aus Holz. Lisas Mutter kochte gewöhnlich auch Molkenkäse aus der sauren Molke. Das wurde natürlich ein Molkenkäse mit recht säuerlichem Geschmack. Aber Lisa schüttet diese Molke weg. Sie ist nun 65 Jahre alt und hat seit ihrem fünften Lebensjahr in der Landwirtschaft gearbeitet, sie findet, daß sie nun das Recht hat, ein wenig bequem zu sein.

54

Filmjölkskäse

(siehe Kommentar zu »filmjölk« weiter vorne im Buch)

»Filmilchkäse« (Dickmilch- oder Schwedenmilchkäse) nenne ich Frischkäse mit »filmjölk« (Sauermilch) als einziger Rohware.

Frischkäse aus süßer Milch und »filmjölk« habe ich als Frischkäse mit »filmjölk« bezeichnet.

Von der fertigen Molkerei-»filmjölk« kann man leicht Frischkäse selbst machen. Das Resultat wird ganz ähnlich dem deutschen oder osteuropäischen Quark, einer glatten Masse mit säuerlichem Geschmack. Natürlich kann man »filkäse« auch aus hausgemachter Sauermilch herstellen. Frischkäse mit »fil« als Säure hat einen ganz anderen Geschmack als Frischkäse, der aus natürlich gesäuerter Milch hergestellt ist. Das liegt daran, daß die Bakterienkultur so verschieden ist. (»Filmjölk« – Sauermilch – wird mit Zusatz von vier verschiedenen Bakterienkulturen gemacht. Siehe Kommentar am Anfang des Buches)

Das Grundprinzip für die Herstellung von »filmilchkäse« ist: siebe gewöhnliche »filmjölk« so, daß die Käsemasse von der Molke getrennt wird. Im Sieb bleibt der Frischkäse zurück, den man würzen kann wie man will.

Damit sich die Käsekörner in der »filmjölk« von der Molke trennen, wärmt man die Milch vorsichtig bei schwacher Wärme. Man muß gleich rühren, damit die Milch gleichmäßig erwärmt wird.

Man sieht es am Rand des Topfes, wenn die Sauermilch körnig wird. Man darf die Sauermilch absolut nicht brennend heiß werden lassen.

Dann siebt man die Milch. Es gibt mehrere Wege, um die Molke vom Käse zu trennen:

1. Lege ein Stück Tuch (z.B. ein Handtuch) in ein großes Sieb, das man über eine Schüssel legt, in der sich die Molke sammeln kann.
2. Oder binde ein Handtuch so über eine Kanne, daß sich eine Vertiefung bildet. Der Käse bleibt im Handtuch und die Molke rinnt in die Kanne.
3. Man kann auch die Milch in ein Tuch schütten, das in einem Sieb liegt, die Enden des Tuches zusammenbinden und das Tuch an einen Haken hängen, der über der Spülbank angebracht ist. Die Molke kann in eine Schüssel darunter abrinnen.

Wenn man zimmerwarme »filmjölk« siebt, bleibt die Käsemasse im Filter zurück, während die Molke in die Kanne abrinnt. Am nächsten Tag hat man Käse als fertigen Brotbelag, und Molke, mit der man Brot backen kann.

Die Schale mit dem Sieb oder die Kanne kann gerne kühl stehen, während die Molke abrinnt. Nach einigen Stunden ist dieser Käse fertig und braucht weder gepreßt noch gelagert zu werden. Dagegen kann man ihn genauso würzen wie anderen Frischkäse (siehe die entsprechenden Seiten weiter vorne im Buch).

Man schneidet den Käse in Scheiben als Brotauflage oder in Stücke zu Obst und Gemüse. Will man ihn streichfähig machen, rührt man ein wenig »filmjölk« (Sauermilch) hinein.

Käse aus »filmjölk« (Sauermilch) ohne Erwärmung

Wer es eilig hat, kann einen Schnell-»filkäse« machen. Ein solcher Käse ist schnell für das Ablaufen vorbereitet, aber zum Abrinnen muß er etwas länger Zeit haben. Nach einem Tag oder 24 Stunden ist er fertig. Zum Ausgleich braucht man die saure Milch nicht zu erwärmen und auch nicht zu beaufsichtigen, damit die richtige Wärme erreicht wird, und man braucht keinen Topf zu spülen.

Man gießt die »filmjölk« einfach direkt ins Sieb zum Ablaufen (durch ein Tuch natürlich), ohne sie erst zu erwärmen. Allerdings soll sie nicht direkt aus dem Kühlschrank kommen sondern Zimmertemperatur haben. Zimmerwarme fil kann man durch ein normales Saftsiebtuch auf einem Gestell sieben, falls man eine solche Anordnung zu Hause hat. Will man den Vorgang beschleunigen, kann man mit einem Messer an der Innenseite des Tuches kratzen. Falls die erste Molke weiß aussieht, sind Käsekörner darin enthalten. Schütte sie nicht weg. Verwende sie als Getränk oder zum Backen.

Diese Art »filkäse« wird weicher in der Konsistenz und ist leichter aufs Brot zu streichen.

Filkäse auf estnische Weise

Ein Käseliebhaber, der Milchtöpfe, die überkochen und Töpfe mit angebrannter Milch am Boden haßt, kann sich über dieses Rezept vom Estland freuen:

Koche 3 Liter Wasser. Schütte 1 – 2 Liter »filmjölk« hinein. Wenn die saure Milch sich mit dem heißen Wasser mischt, trennen sich die Käsekörner von der Molke. Siebe durch wie gewöhnlich oder durch einen

Kaffeefilter. Der Nachteil dieser Methode ist, daß man die Molke nicht verwenden kann, da sie zu sehr verdünnt wird.

Milder Frischkäse mit »filmjölk«

Saure Milch wird zu Käse, wenn sie erwärmt wird. Wenn man sie richtig heiß werden läßt, bekommt man einen Käse, den man in Scheiben schneiden kann. Die Käsekörner haken sich während des Abrinnens aneinander und der Käse wird fest – beinahe etwas zäh in der Konsistenz.

Die Säure in der Filmilch ist so stark, daß sie den Käsestoff in gewöhnlicher Süßmilch dick werden läßt, wenn man die Milch aufwärmt.

Zur Probe kann man 9 Deziliter Süßmilch bis gerade unter den Siedepunkt erwärmen. Nimm den Topf vom Feuer und rühre 3 Deziliter (5

Frischkäse von »filmjölk« oder Buttermilch kann man direkt durch ein Sieb ohne Tuch sieben.

58

Deziliter = ½ Liter) filmilch hinein. Laß einige Minuten stehen und schütte dann alles in ein mit grobem Tuch ausgekleidetes Sieb. Diesmal benutzt man das Tuch nicht, um die Käsekörner daran zu hindern mit der Molke abzufließen, die Käsekörner sind so groß, daß sie im Sieb verbleiben. Aber man kann den Käse leichter aus dem Sieb nehmen, wenn man ein Tuch benutzt. Stülpe Tuch und Käse auf einen Teller und nimm das Tuch dann vorsichtig weg.

Wenn es also aufhört zu rinnen und der Käse entsprechend fest aussieht, kippt man ihn auf einen Teller. Dann hat er ein feines Muster von dem Sieb oder dem Tuch.

Will man mehr als nur eine Geschmacksprobe haben, dann muß man die Anteile erhöhen. ½ Liter fil verkäst 1 ½ Liter süße Milch, das ergibt einen kleinen Käse, der auf einer Untertasse Platz hat. Das ursprüngliche Rezept ist aus einem Liter Sauermilch und drei Liter süßer Milch gemacht, das gibt einen Käse für den Festtagstisch.

Frischkäse mit Buttermilch wie auf der Sennhütte

Was man in alten Zeiten Buttermilchkäse nannte, konnte beinahe welche Art Käse auch immer sein, nur Buttermilch mußte das Rezept enthalten. In einem Dorf wurde der Buttermilchkäse mit Süßmilch und Lab gemacht. Da war der Buttermilchzusatz wie der Säurezusatz in der modernen Molkereimilch.

Der Frischkäse mit süßer Milch und Buttermilch konnte in einem anderen Dorf Buttermilchkäse genannt werden. In diesem Buch ist Buttermilchkäse ausschließlich aus Buttermilch gemacht. Frischkäse mit süßer Milch und Buttermilch habe ich Frischkäse mit Buttermilch genannt. Wenn es Zeit war, wieder von der Alm zum Bauernhof zu ziehen, hatte niemand mehr Zeit, nach dem letzten Melken noch Käse zu machen. Stattdessen konnte die Sennerin Frischkäse machen, der mit Buttermilch gekäst wurde. Die Buttermilch blieb übrig, wenn man die Sahne zu Butter verarbeitet hatte. Da man die Milch von mehreren Tagen sammelte, bis man genug zum Buttern hatte, wurde sie oft ein wenig sauer. Diese Säuerlichkeit war wichtig, wenn man Frischkäse machen wollte. Buttermilch von ganz frischer Sahne ist zum Käsen nicht anwendbar. Im Gegenteil kann Buttermilch gerne so sauer sein, daß sie etwas dick ist.

Das Problem für die modernen Frischkäsemacher ist, Buttermilch zu kriegen. Es gibt zwei Möglichkeiten. Entweder kauft man die Buttermilch im Geschäft, wenn man in einer Gegend wohnt, wo es Buttermilch zu kaufen gibt. Solche Milch muß eine Weile stehen, ehe sie richtig sauer und dick ist. Oder – wenn man keine Buttermilch kriegen kann, muß man sie selbst machen, indem man buttert.

Glücklicherweise braucht man kein antikes Butterfaß zu haben und mit der Hand zu buttern. Am einfachsten schlägt man die Sahne in einer Küchenmaschine (Mixer). Mit einem Sahneschläger von Hand zu schlagen ist zeitraubend und anstrengend. Eine saure Sahne mit 14 – 16° C ist leicht zu buttern. Siebe die Buttermilch ab, wenn die Butter fertig ist, und knete die Butter in viel Spülwasser.

Nun hast Du also Buttermilch und brauchst außerdem gewöhnliche Süßmilch. Man macht es ungefähr ebenso wie bei Frischkäse mit »filmilch«. Die ungefähren Proportionen sind 1:6. Aber es kann auch sein, daß man mehr Buttermilch braucht. Das hängt vom Säuregehalt der Buttermilch ab. Auf der Alm maß man nicht so genau, sondern verwendete soviel Buttermilch, wie notwendig war, damit sich die Milch in Käse und Molke teilte.

Hast Du nur einen Liter Buttermilch und willst aber einen so großen Satz wie möglich machen, ist es am besten, mit einem kleineren Satz Süßmilch anzufangen. Sonst kann es passieren, daß der einzige Liter Buttermilch nicht für die Süßmilch reicht, und Du stehst da mit sieben Liter buttermilchgemischter Milch, die sich nicht käsen will. (Sollte das trotzdem passieren, läßt man alles einige Tage bei Zimmertemperatur stehen, bis es dick wird, wärmt vorsichtig und siebt dann – wie man es für »filmjölkkäse« macht.)

Einen kleinen Probesatz kann man von 6 Deziliter süßer Milch und 1 – 2 Deziliter Buttermilch machen. Das gibt einen Käse von knapp 150 Gramm, wie einen kleinen runden Dessertkäse. Zu drei Liter süßer Milch nimmt man einen halben bis einen Liter Buttermilch, zu sechs Liter süßer Milch zwei bis drei Liter Buttermilch.

Mach es so: Koche die süße Milch auf. Bleibe die ganze Zeit am Herd und rühre mit einer Holzgabel auf dem Boden des Topfes, damit sich die Milch nicht anlegt. Genau wenn die Milch aufkocht, gießt man die Buttermilch hinein, hebt den Topf von der Kochplatte und rührt zwei bis dreimal, damit sich die Buttermilch gut mit der süßen Milch vermischt. Dann laß das Ganze eine Weile stehen, so siehst Du, wie sich

60

Es ist August 1944, und bei Nilsans auf der Sennhütte Harsens in der Gemeinde Järvsö ist das Melken am Morgen beendet. Jetzt ist es wieder Zeit für die Kühe, Gras und gute Kräuter zu suchen.

die Käseklumpen bilden – viel größer als wenn man die »filmilch« anwärmt. Falls die Molke der Farbe nach immer noch Milch gleicht, ist mehr Käse zu holen. Wärme nochmals auf, rühre und füge mehr Buttermilch hinzu. Zum Schluß wird alles durch ein großes Sieb gesiebt. Die Käseklumpen sind so groß, daß man kein Käsetuch braucht. Wenn die Molke aus dem Sieb abgeronnen ist, kann man den Käse umdrehen, damit die Oberseite besser dräniert wird.

Wenn der Käse ordentlich abgeronnen und fest geworden ist, legt man ihn auf einen Servierteller (Käseplatte). Kalt aufbewahren. Man serviert den Käse ganz oder in Scheiben geschnitten.

Früher verwendete man spezielle Käsekörbe für diese Art Käse. Die Körbe waren aus Birken- oder Tannenwurzeln zu solchen Mustern geflochten, daß sich kleine Löcher, besonders am Boden des Korbes, bildeten. Die Käsemasse wurde in die Körbe gefüllt, und wenn man den fertigen Käse gestürzt hatte, wies er ein hübsches Muster auf. (Siehe Bild Seite 83)

61

In Hälsingland gab es auch die Sitte, einen gelben Frischkäse mit Buttermilch zu machen. Wenn die Milch in dem oben angeführten Rezept nur bis zum Siedepunkt erwärmt wird und dann mit Buttermilch zum Gerinnen gebracht wird, wird der Frischkäse weiß. Einen rostgelben Farbton bekommt er, wenn man die Süßmilch länger kocht. Die goldbraune Farbe ist von derselben Art wie die der Molkeprodukte und das Resultat der Wärmebehandlung von Milchzucker und Eiweiß. Manchmal durfte auch eine Zimtstange mitkochen. Nach dem Kochen fügte man Buttermilch hinzu, wie in dem Rezept für weißen Frischkäse. Gelber Frischkäse ist süßer im Geschmack, da die Milch zusammengekocht ist.

Nunmehr fälschen einige ein wenig und mischen karamellfarbene Molkenbutter in die Milch, ehe sie aufgekocht wird, um den althergebrachten gelbgefärbten Frischkäse herzustellen. Die Molke und der Käse können auch zusammen gekocht werden zu Süßkäse oder »pank«, siehe Rezept auf Seite 130 und 131.

Buttermilchkäse

Ebenso wie man Frischkäse nur aus »filmjölk« (dicker Milch) herstellen kann, kann man Frischkäse auch aus saurer Buttermilch ohne Zusätze machen.

Wenn die Buttermilch sauer geworden ist, sodaß sie Dickmilch in der Konsistenz ähnelt, wärmt man sie vorsichtig an, bis sie fingerwarm ist. Sie darf sich nicht warm anfühlen, wenn man den Finger in die Flüssigkeit taucht. Schau die Seiten des Topfes an. Dort merkt man gewöhnlich, wenn die Molke sich von den Käsekörnern trennt. Sobald die Buttermilch genau richtig warm ist, soll sie gesiebt werden. Dräniere den Buttermilchkäse ebenso wie den Käse aus »filmjölk« (Sauermilch) (Seite 55). Sobald es aufhört abzurinnen, ist der Frischkäse fertig. Buttermilchkäse ist lockerer und leichter zu streichen, hat aber einen würzigeren Geschmack als Frischkäse, der aus Süßmilch und Buttermilch gemacht ist.

Gelagerter Buttermilchkäse

In Hanna Kamkes »Praktisches Kochbuch für den Haushalt« (1910) gibt es ein Rezept für Buttermilchkäse mit Cognac oder Rum.
Koche die Buttermilch und lasse sie abkühlen. Lege die gerinnende Masse in ein Tuchbündel, das so aufgehängt wird, daß die Molke ablaufen kann. Spare die Molke. Salze die Masse und mische Cognac oder Rum hinein, einen Eßlöffel für 400 Gramm Käsemasse. Forme den Käse und lege ihn zum Trocknen. Wenn der Käse trocken ist, wärmt man die Molke, taucht ein Leinentuch in die Molke und schlägt den Käse in das Tuch ein. Lege das Paket in eine Dose mit Deckel und stelle die Dose warm.
Nach einigen Tagen soll dieser Käse fertig zum Essen sein, aber er soll nach einiger Zeit Lagerung noch besser werden.

Frischkäse mit »Långfil« (Kefir)

Eine Variante von Frischkäse mit filmjölk macht man mit »Långfil« als Käsemittel, anstelle von gewöhnlicher »filmjölk« (siehe die Definition von »filmjölk« und »långfil« weiter vorne im Text). Mache es auf dieselbe Weise: Laß süße Milch aufkochen und rühre die »långfil« hinein. Laß alles eine Weile stehen und gieße es dann durch ein Sieb ohne Tuch.
Dieser Frischkäse wird fest und er ist leicht mit einem Messer in Scheiben zu schneiden, er ist mild und fein im Geschmack.

»Långfilkäse« wie Boursin

Dadurch, daß die »långfil« so gut zusammenhält, ist es schwer, sie bei Zimmertemperatur zu sieben, so wie man es mit gewöhnlicher »filmjölk« machen kann. Aber wenn man die »långfil« leicht unter umrühren anwärmt, verliert sie die zähe Konsistenz und eignet sich zum Käsemachen.
Man muß nur die Käsemasse dränieren, indem man sie über Nacht in ein Bündel aus Tuch hängt. »Långfilkäse« ist der weiche Frischkäse, der dem französischen Boursin-Käse in Geschmack und Konsistenz am nächsten kommt. Er schmeckt überhaupt nicht sauer und wird wunderbar gut mit Knoblauch oder anderen Gewürzen.

Frischkäse mit Yoghurt

Einen frischen, aber nicht starken Geschmack bekommt der Frischkäse, der mit Yoghurt gesäuert wird. Einen kleinen Probekäse bekommt man aus 8 Deziliter süßer Milch und 2 Deziliter natürlichem (nicht mit Geschmackszusätzen versehenem) Yoghurt. Mache es wie bei anderen Frischkäsen: koche die Milch auf, rühre das Yoghurt hinein und laß das ganze eine Weile stehen. Wenn die Molke noch weiß aussieht, kann man den Topf noch einmal auf die Platte stellen. Wenn die Molke anfängt zu sieden, wird der Rest der Käsemasse abgeschieden. Fülle sie in ein Sieb. Der Käse ist beinahe sofort fertig.

Yoghurtkäse

Wärme das Yoghurt fingerwarm. Ständig langsam umrühren. Fülle es in ein mit einem Tuch ausgelegtes Sieb. Sammle die Ecken des Tuches und binde sie mit einer Schnur zusammen. Häng dieses Bündel auf und stelle eine Schale für die Molke darunter. Am nächsten Morgen legt man den Käse in eine Schale oder formt ihn rund. Da er aus konzentriertem Yoghurt gemacht wurde, ist er stark säuerlich im Geschmack. Mische die Masse z.B. mit milden feingehackten Küchenkräutern. Oder rolle sie in Sesamkörnern oder Mohnsamen.

Frischkäse mit Zitrone

Wer schon einmal ausprobiert hat, sowohl Milch als auch Zitrone in den Tee zu nehmen, weiß, daß die Milch dann gerinnt. Das sind dann tatsächlich kleine Käsekörner, die in der Teetasse schwimmen. Diese Erkenntnis können wir anwenden, um einen ganzen kleinen Käse mit Zitrone zu machen. Es ist die Zitronensäure, die das Kasein von der Milch trennt.

Mische einen Liter Milch mit dem Saft einer Zitrone. Wärme die Milch, bis sie richtig warm, aber nicht kochend heiß wird. Wenn die Milch während der Erwärmung zu käsen beginnt, nimmt man den Topf und stellt ihn auf ein Holzbrett neben dem Herd. Laß ihn stehen bis die Molke gelblich aussieht. Falls nicht: nochmals aufwärmen und eventuell mehr Zitronensaft beimischen. Dräniere den Käse in einem Sieb oder in einem Tuchbündel, das Du aufhängst. Die Molke bekommt einen guten Geschmack nach Zitrone.

64

Kühle sie ab und trinke sie, vielleicht mit etwas Honig gesüßt. Wenn es einem glückt, ungespritzte Zitronen zu bekommen, kann man den Käse außerdem noch mit etwas geriebener Zitronenschale würzen. Schmeckt gut auf dunklem kräftigen Roggenbrot.

Frischkäse mit Weinessig

Auch mit der Säure im Weinessig kann man Käse machen. Der Käse bekommt einen deutlichen Geschmack nach Weinessig und die Molke ist nicht verwendbar. Ich will den Geschmack nicht empfehlen, aber es ist doch interessant, daß man mit allen Arten Säure Käse machen kann. Die Milch für Käse mit Weinessig braucht nur ein wenig angewärmt zu werden. Der Weinessig wird direkt am Anfang beigemischt. Mach zuerst eine kleine Geschmacksprobe: ½ oder 1 Teelöffel Weinessig zu 1 ½ Deziliter Milch.

Saurer Sahnekäse

Das ist ein richtig fetter guter Käse. Niemand kann erraten, daß er aus saurer Sahne gemacht ist, denn er schmeckt nicht im geringsten sauer. Laß dicke Sahne bei Zimmertemperatur stehen, bis sie sauer wird. Man kann sie eventuell »auf Trab« bringen, indem man einen Eßlöffel »filmjölk« (Sauermilch) beimischt. Wenn die Sahne sauer ist, füllt man sie direkt in ein Siebtuch oder ein anderes Tuch. Binde es mit einer Schnur zusammen und hänge das Bündel zum Abrinnen auf. Am nächsten Tag wird das Bündel geöffnet und die Sahnekäsemasse mit einem Messer geschmeidig gearbeitet. Würze mit Salz, Kümmel oder starkem geriebenem Käse, z.B. Grünschimmelkäse. Packe den Käse in eine wassergespülte Form und stülpe ihn dann auf eine Platte.

Wie man Frischkäse würzt

Feste Frischkäse, die man in Scheiben schneidet, sind ohne Gewürze gut. Viele würden es als eine »Schändung« betrachten, grünen Pfeffer oder Knoblauch einzumischen. Aber Du kannst es gerne versuchen. Mische den Geschmackszusatz gleich bei, wenn die Käsemasse in das Tuch geschüttet wird, noch ehe die Molke ganz abgeronnen ist.

Der Sahnekäse besteht aus saurer Sahne, die in einem Tuchbündel abgelaufen ist. Die Gewürze sind Kümmel und geriebener Käse. Ein fetter und gefährlich guter Aufstrich.

Drücke vorsichtig ein wenig, damit die Käsekörner wieder aneinander haften.

Die weichen Frischkäse sind am leichtesten mit Gewürzen und verschiedenen Geschmackszusätzen zu mischen. Oft ist es notwendig, ein wenig nachzuwürzen, damit der Geschmack nicht fad wird. Weichkäse mit stark säuerlichem Geschmack werden auch gut, wenn ein Gewürz mit dem säuerlichen Geschmack wetteifert.

Beim Würzen kann man wild experimentieren. Nimm, was Du zur Hand hast. Im Frühling kann es gehackter Schnittlauch, im Sommer Dill und Petersilie und alle anderen feinen Kräuter aus dem Garten oder dem Blumentopf sein, im Herbst Wacholderbeeren. Im Winter kann man Kresse ziehen, um sie in den Käse zu mischen oder ihn darin zu rollen.

Kümmel ist ein gebräuchliches Käsegewürz, das besonders gut zum Zitronenkäse paßt. Gieße erst kochendes Wasser über die Samen, damit sie ein wenig weich werden und nach mehr schmecken.

Gestoßener Koriander ist auch gut geeignet, um fertigen Zitronenkäse darin zu rollen. Will man den Zitrusgeschmack noch mehr betonen, kann man auch einen Teelöffel konzentrierten Apfelsinensaft beimischen.

Vielleicht ist Meerrettich der Favorit? Zusätzlich kann man schwarzen Pfeffer in den Käse mischen und ihn darin rollen, daß er außen schwarz von Pfeffer wird. Einen guten, wenn auch nicht ebenso starken Geschmack gibt Nelkenpfeffer.

66

Wenn man grünen Pfeffer bekommen kann, gibt das einen guten Grünpfefferkäse. Mische den grünen Pfeffer in die Käsemasse.

Mit Knoblauch wird Frischkäse beinahe perfekt. Da mischt man natürlich zerkleinerten Knoblauch in die Käsemasse. Vielleicht gehackte Petersilie auf der Außenseite?

Walnußkäse mit gehackten Walnüssen darin und ganzen Walnüssen zur Dekoration, Currykäse, Käse mit Paprikapulver oder vielleicht ein klein wenig Cognac?

Frischkäse zum Frühstück, Mittag- und Abendessen

Frischkäse ist ein guter Aufstrich, sowohl die streichbare Sorte als auch die, welche man in Scheiben schneidet. Man braucht gar keine Butter auf dem Brot, es reicht so gut mit Käse. Erst Brot, dann Frischkäse und als Abschluß vielleicht ein paar Paprikaringe. Ein festliches Sommerbrot gibt es, wenn man zuunterst Salatblätter legt, eine Scheibe Frischkäse dazwischen und oben drauf ein paar Scheiben Tomaten.

Zum Mittagessen kann der Frischkäse die hauptsächliche Eiweißquelle sein. Mit gekochten Kartoffeln, Rohkost und einer Scheibe Brot hat man eine nützliche Mahlzeit.

Man kann den Käse auch als Nachspeise mit Obst oder Beeren servieren. Als Hauptgericht paßt eine Gemüsesuppe, da die Nachspeise schon eiweißreich ist.

Die streichbaren Frischkäse sind eine gute Rohware zu aller Art der Essensbereitung. Als Fülle für Aufläufe und Pirogen, mit oder ohne Geschmackszusätzen, ist der Frischkäse oft eine Zutat in Rezepten von Osteuropa oder in der russischen Küche.

Wenn man z.B. die Käsemasse mit Schokoladensoße mischt, bekommt man eine herrliche und nützliche Füllung für Torten. Eine andere gute Füllung macht man von Frischkäse, zerdrückter Banane und Zimt. Viel viel besser als massenweise Schlagsahne.

Mehr Rezepte für die Verwendung von Frischkäse auf Seite 142.

Saurer Altkäse

Einer der allerältesten Käse im Norden ist ein bräunlicher weicher Käse aus gesäuerter Milch. Um den rechten »alten« Geschmack zu bekommen, wird er zwischen einem und sechs Monaten gelagert. Mit einiger Selbstüberwindung kann derjenige, der nicht daran gewöhnt ist, eine kleine Geschmacksprobe hinunterzwingen, der Altkäse hat wirklich einen eigenartigen Geschmack – oder falls man freundlich ist, kann man sagen, einen besonderen Geschmack.

Wie auch immer, in alten Zeiten war er nichts Besonderes. Der Altkäse gehörte zum alltäglichen Essen.

Dieser Altkäse gleicht überhaupt nicht dem Käse, der von älteren Schweden als Altkäse bezeichnet und aus Lab gemacht wird. Gewöhnlicher hausgemachter Süßmilchkäse oder Magermilchkäse, der gelagert wurde bis er beinahe selbst aus dem Keller kroch, wurde nämlich auch Altkäse genannt. Der wird in diesem Buch auf Seite 91 beschrieben. Der Altkäse, um den es sich nun handelt, wird auf ganz andere Weise hergestellt. Der gleicht mehr einem Frischkäse, den man in einer Ecke vergessen hat.

In Norwegen gibt es immer noch echte »gamalost« in gewöhnlichen Läden zu kaufen, offenbar gibt es doch Menschen, die seinen Geschmack lieben, was unglaublich erscheinen mag. Aber dasselbe kann man wohl auch von den französischen Grünschimmelkäsen sagen, wenn man sich nicht an die Feinheiten des starken Geschmacks gewöhnt hat.

Vielleicht liegt es nur daran, daß der Altkäse nicht von den Feinschmeckern des Mittelalters am königlichen Hof und auf den Herrensitzen entdeckt worden ist. Eigentlich ist der Altkäse Norwegens eigener Roqufortkäse. Auch rein bakteriologisch stimmt diese Behauptung: die modernen Altkäse werden mit Grünschimmel, sogenanntem Penicillinum roqueforti, geimpft.

Der Käse ist im Hinblick darauf nordisch, daß er auch auf den schwedischen Sennhütten hergestellt wurde. Gertrud Westin in Jansjö in Jämtland war selbst noch dabei, als der Altkäse gekocht wurde. Bis 1960 gab es noch hausgemachen Altkäse in den kleinen Häusern in Jämtland und Ångermanland. Hier ist Gertruds Beschreibung: Sorgfältig entrahmte Milch wurde in einem Holztrog gespart, bis sie sauer und dick war. Im Käsekessel wurde die Milch langsam erwärmt. Es

68

In Oljons Häuschen auf der Alm Harsen ist das Käsen voll in Gang im Sommer 1937. Hier fügt man Lab zu der angewärmten Milch.

Die Käsemasse wird geteilt, wenn die Milch geronnen ist.

Die geronnene Käsemasse wird in einem Käsetuch gesammelt.

Die zusammengepreßte Käsemasse wird aufgenommen und in eine mit durchsichtigem Tuch verkleidete Form gelegt.

70

waren gewichtige Maße, mindestens 50 Liter für einen Arbeitsgang. Die Käsemasse trennte sich von der Molke, zuerst während sie sauer wurde und dann noch mehr während der Erwärmung. Die Masse wurde in einen runden Holzbottich mit Käsetuch geschüttet, und das Tuch wurde um den Käse geknotet. Dann ließ man das Bündel in der Molke kochen, eine halbe Stunde auf jeder Seite. Dann nahm man das Tuch weg und der Käse durfte auf einem Regal lagern und langsam älter werden. Wenn es richtig warm war wurde der Käse schnell alt, oft schon nach einem Monat. Da war der Käse weich und braun und roch stark.

Von Kari Kokkepige, die in der Zeitschrift Nidaros, die in Trondheim herausgegeben wird, über Essen schreibt und erzählt, kommt ein uraltes Rezept für norwegischen Altkäse.

Sie berichtet auch darüber, wie ein richtig feiner Käse auf seine alten Tage aussehen kann: »in Bergen habe ich den schönsten Altkäse meines Lebens gesehen. Er war wie eine Offenbarung, so wunderschön in gelb, grün und allen Schattierungen orange in Richtung nach goldenem herbstlaubbraun hin«.

Nun zu dem Rezept, das vom Berkaakhof stammt, der in alten Zeiten Fuhrwerkstation war.

100 Liter entrahmte Milch (Magermilch) dürfen knapp eine Woche stehen bleiben, bis sie richtig sauer geworden sind. Mit einem langen Löffel rührt man ab und zu, während die Milch sauer wird. Dann wird der gewaltige Kessel über Nacht auf schwache Wärme gesetzt. Bis zum nächsten Morgen ist der Käsebruch fertig. Jetzt muß die Käsemasse, die in der Molke schwimmt, ordentlich warm werden. Dann nimmt man den Käse auf und legt ihn in eine runde, mit Käsetuch ausgeschlagene Form. Die Molke wird aufgekocht, das Käsetuch zusammengebunden und in die Molke gehängt. Darin soll der Käse eine Stunde kochen. Danach nimmt man das Bündel auf, legt es wieder in die Form und läßt es abkühlen. Dann wird der Käse in ein neues Käsetuch gelegt und wieder eine Stunde lang gekocht, diesmal aber auf der anderen Seite. (Die Zeit stimmt überein mit dem schwedischen Rezept, bei dem die halbe Zeit für die Hälfte der Käsemenge angegeben war.)

Zurück zu dem abgekühlten Käsebündel in der Form. Nun ist der Käse fertig zum Lagern. Er soll in einer dichten Kiste mit Deckel liegen und im kalten Keller aufbewahrt werden. Jede Woche wird der

Käse umgedreht. Wenn die Reifung richtig vonstatten geht, soll der Käse im Laufe von einigen Monaten fertig sein.

Kari Kokkepige:

»Wenn der haarige Schimmelpilz hervorschaut, mußt Du laut rufen (was Du rufst, bleibt Dir überlassen, aber es ist notwendig um böse Wichtelzwerge abzuschrecken) und den Schimmel mit der Hand wegstreichen.«

Viele Alte sagen, daß der Käse im Bett reifen muß (sänghalmen = Strohmatratzen), aber ich zweifle daran, daß sich Schaumgummimatratzen für diesen Zweck eignen, so müssen wir davon in moderner Zeit absehen.

Weder 100 Liter noch 50 Liter sind ein kleiner Satz, um damit zu experimentieren, so probierte ich es zunächst mal mit zwei und dann mit vier Liter. Genau wie mit dem natürlich gesäuerten Frischkäse auf Seite 53 geht es leicht und fein, bis man den Frischkäse in der Hand hat. Mit dem Kochen wird es schlimmer. Ein so kleiner Käse ist schnell durchgekocht. Ein Käse von zwei bis vier Kilogramm und einer von 100 Gramm werden natürlich ganz anders.

Der erste kleine Käse wurde völlig steinhart und körnig. Den anderen, etwas größeren, behandelte ich so: statt das Käsetuch zusammenzubinden, hielt ich es offen wie eine Hängematte und ließ den Käse zwischen meinen Händen ruhen. Den Käse tauchte ich in die kochende Molke, und als die Außenkanten von der Wärme zu schmelzen anfingen, ließ ich den Käse so rollen, daß er nicht am Tuch festhängen konnte. Ab und zu nahm ich den Käse auf, damit er nicht zu warm wurde. Dieser Käse bekam eine blanke Außenschicht, und das soll ein Altkäse eigentlich nicht haben. Andererseits schmeckte diese blanke Schale etwas wie die zähe, gekochte Rinde eines richtigen norwegischen Altkäses. Und innendrin ist der Käse körnig, wie ein Altkäse sein soll.

Meinen Altkäse legte ich zum Reifen in eine Blechbüchse mit Deckel auf die Fensterbank im Wohnzimmer. Die Heizung darunter erwärmte das Brett und beschleunigte die Reifung.

72

Fynsk Rygeost (Käse von der Insel Fyn)

Von Fyn, der dänischen Insel die zwischen Själland und Jylland liegt, kommt eine Käsespezialität: »Fynsk Rygeost«. Ryge bedeutet räuchern, und der Rygeost ist auch geräuchert. Er gleicht unseren Frischkäsen und ist wie ein solcher gemacht, mit saurer Milch als Gerinnungsmittel. Dann wird er so geräuchert, daß die Rinde ein Muster von dem Gitter bekommt, auf dem der Käse während des Räucherns liegt.

Um also einen Räucherkäse zu machen, beginnen wir mit einem Frischkäse. Wer einen Rauchfang hat, kann den Käse auch selbst räuchern. Dann kann man auch wählen, welches Material dem Käse den Räuchergeschmack geben soll. Vielleicht Wacholder?

Wer keinen Rauchfang hat, kann den Käse zu einer Räucherei geben (frage beim Metzger oder Fischhändler). Man kann auch einige Zweige Wacholder in einen Topf legen, den Käse obendrauf, mit dem Deckel zudecken und dann die Platte anstellen, bis es gut raucht.

Skyr – ein isländisches Nationalgericht

In isländischen Märchen kann man über skyr lesen, aus Schaf- oder Kuhmilch hergestellt. Nun kaufen die Isländer skyr im Laden und er wird nicht mehr aus Schafmilch gemacht.

Skyr ist eine Art Sauerkäse. Man kann ihn nur machen, wenn man ein Stück echten Skyr hat. In den isländischen Molkereien behandelt man die Milch erst mit Wärme und kühlt sie dann ab.

Danach säuert man die Milch mit einem Stück Skyr, das in Milch oder Wasser aufgelöst ist, und ein klein wenig Lab wird auch hinzugefügt. Vier bis fünf Stunden läßt man in einer Temperatur von ungefähr 40 Grad käsen. Dann wird die Masse zum Ablaufen in ein Tuch gehängt. Das Resultat wird eine glatte weiche Käsemasse, die man mit Milch, Magermilch oder Zuckerwasser verrührt. Man legt sie in einen Teller und gießt später Milch oder Sahne darüber. Isländische Kleinkinder bekommen Skyr als erste Geschmacksprobe für »richtiges Essen«.

Reste von Skyr fand man bei Ausgrabungen auf dem Hof Stöng in Pijorsárdal. Der Hof wurde bei einem Vulkanausbruch des Hekla im Jahre 1104 zerstört. Die Säure vom Skyr wurde früher als Getränk verwendet. Man war aber der Ansicht, daß sie erst nach zwei Jahren richtig gut schmeckte. Mit Wasser wurde sie zum Getränk gemischt.

Derselbe Jónas Jónasson von Hrafnagiliś, der dies in seiner Geschichtsschreibung berichtet hat, beschreibt auch einen Mager- oder Rindenkäse. Wenn man Skyr machte und die Milch am Anfang kochte, entrahmte man die Milch, ehe sie abgekühlt wurde. Den Rahm bekam der Hirte und man nannte ihn darum Hirtenrahm, auf isländisch »smalafroda«. Wenn man diesen Rahm vom Kochen der Milch und die Milchhaut, die sich beim Kühlen der Milch auf Euterwärme bildete, mehrere Tage gesammelt hatte, konnte man aus diesen Zutaten einen Käse machen – »froduostur«, das heißt Schaumkäse (Magerkäse) oder »skofnaostur«, das heißt Rindenkäse.

Um ein Stück Skyr als Säurezusatz für eigene Zubereitung zu bekommen, muß man nach Island fahren und ihn kaufen.

Harte Labkäse

Hat man ausprobiert wie man Frischkäse macht, dann sieht man deutlich, daß es nicht problematisch ist, die Milch in Käsemasse und Molke zu trennen. Zu den harten Labkäsen verwendet man Lab als Koagulierungsmittel (Mittel, die die Milch zum Gerinnen und Steifwerden bringen). Wenn man nicht daran gewöhnt ist, Käsekuchen oder ein anderes Gericht mit Lab zu bereiten, ist vielleicht der Einkauf des Lab die größte Schwelle, über die man kommen muß. Trotzdem ist es nicht merkwürdiger, Lab in die Milch zu mischen um Käse zu machen, als Hefe in die Teigflüssigkeit zu mischen um Brot zu backen. Oder, um ganz ehrlich zu sein, es ist ebenso erstaunlich und spannend, die Milch zum Koagulieren zu bringen, wie einen Teig zum Gehen zu bringen. In beiden Fällen setzt man einen Prozeß in Gang, eine Entwicklung, die man nicht bis in die kleinste Einzelheit kontrollieren kann, aber deren Resultat immer gespannt erwartet wird. Wenn es auch nichts Besonderes ist, die Milch zum Koagulieren zu bringen, so ist es doch überraschend, daß man ein gutes, wohlschmeckendes Resultat erzielt. Es dauert lange Zeit, ehe man sich einigermaßen sicher fühlt, daß man, wenn man Käse macht, einen guten Hartkäse hervorbringt. So sei nicht enttäuscht, wenn deine ersten Käse sauer werden, gären oder Risse bekommen. Auch geübte Käsemacher sind nicht immer erfolgreich, und man lernt etwas von jedem Käse, ob er nun gut oder weniger geglückt ist.

Wichtige Faktoren, die auf das Resultat einwirken, sind Zeiten und Temperaturen in verschiedenen Stadien der Herstellung, die Hygiene in Stall und Küche, die Bearbeitung der Käsemasse und die Zusätze.

Es dauert lange, bis ein Käse fertig ist. Früher als drei Wochen nach dem Käsen sollte man ihn niemals öffnen.

Habe zumindest einen, besser noch eineinhalb Monate Geduld. Dann kann ein Käse richtig gut sein. Wer starke Käse liebt, kann den Käse etwas kühler liegen lassen und nicht vor drei bis sechs Monaten öffnen. Aber man muß ab und zu nachsehen, daß sich kein Schimmel bildet.

Die Farbe des Käses wird, ebenso wie bei der Butter, verschieden zu verschiedenen Jahreszeiten und beruht teilweise auf dem Fettgehalt der Milch. Je fetter ein Käse ist, desto gelber wird er. Im Winter wird der Käse gelbweiß, aber wenn die Kühe draußen weiden, kann der Käse eine schöne gelbe Farbe bekommen.

Ein gelagerter Schafkäse kann richtig gelb werden, auch wenn die Schafe noch Heu fressen – die Schafmilch hat einen höheren Fettgehalt.

Die getrockneten Außenseiten des Käses haben eine stärkere gelbe Farbe als das Innere des Käses. Die Molkereien wenden Farbzusätze an, um den Käse das ganze Jahr gleichmäßig gelb zu machen – das brauchen wir nicht.

Die Rezepte für die harten Labkäse können für Milch von verschiedenen Tierarten angewendet werden. Schafkäse und Ziegenkäse haben eigene Kapitel in diesem Buch.

Das erste Rezept ist das einfachste. Es kommt von verschiedenen Sennerinnen, die erzählt haben, wie sie an arbeitsreichen Sommertagen Käse hergestellt haben.

Weißkäse von der Alm

Auf der Sennhütte wurde der Käse natürlich aus unpasteurisierter Milch gemacht. Da waren alle Bakterien (sowohl die nützlichen wie die schädlichen) munter und vermehrten sich meistens in gewünschtem Umfang. Die nützlichen Milchsäurebakterien sind in der pasteurisierten Ladenmilch zerstört. Um Käse nach Almhüttenrezepten zu machen, muß man also frische Kuhmilch haben.

Der Weißkäse ist nicht nur am einfachsten zu machen, er hat auch die einfachsten Zutaten. Die einfachsten bedeutet da auch die billigsten. Der Almkäse wurde immer aus Magermilch hergestellt, weil man die Sahne zum Buttern verwendete. Nur wenn man besonders feine Käse erzeugen wollte, zum Beispiel die, welche man im Spätsommer für Weihnachten machte, verwendete man Vollmilch.

Aber wir können gerne Käse aus gewöhnlicher Süßmilch herstellen. Es ist trotz allem leichter, damit einen feinen Geschmack zu erzielen, als mit Magermilch.

Verwahre die Abendmilch über Nacht kalt und mische sie am nächsten Morgen mit der Morgenmilch.

Wie die Sennerin wärmen wir die Milch langsam auf schwacher Flam-

76

Käserinnen und Käsebutten trocknen nach dem Spülen in der Sonne.

me, bis sie »kuhwarm« wird. Das bedeutet ungefähr 30 Grad, eine Temperatur, die vom Standpunkt der Molkerei aus ungewöhnlich hoch zum Käsen ist. Um ganz sicher zu sein, miß die Temperatur mit dem Thermometer. Rühre im Topf während sich die Milch erwärmt, damit die Wärme gleichmäßig verteilt wird. Sonst kann es am Topfboden zu heiß werden. Nimm den Topf von der Platte und rühre das Lab hinein. Besonders wenn man das konzentrierte Molkereilab anwendet, ist es gut, das Lab erst in kaltem Wasser anzurühren. Die Wassermenge soll drei- viermal so hoch sein wie die des Lab. Dann mischt sich das Lab leichter mit der Milch. Die Dosierung ist für 10 Liter Milch: 15 ml (1 Eßlöffel) Lab aus dem Geschäft, oder 3 ml Lab aus der Molkerei. Gieße das Lab unmittelbar in die Milch, wenn es mit Wasser vermischt ist. Rühre gründlich mit ruhigen Bewegungen, sodaß das Lab richtig verteilt wird, und halte die Milch dann mit dem Löffel an, sodaß sie nicht weiter herumwirbelt wenn sie anfängt zu käsen. Lege einen Deckel oder ein Handtuch darauf, damit die Oberfläche nicht abkühlt oder von Fliegen heimgesucht wird, und laß die Milch eine dreiviertel- oder ganze Stunde käsen. Wenn man mit dem Löffel gegen die Milch an der Topfwand drückt, sieht man die Molke. Falls

77

Anna Wedin bürstet beginnenden Schimmel von ihren Weißkäsen ab. Sennhütte Piparevallen, Gemeinde Jarvsö, 1941

sie noch weißlich in der Färbung ist, ist das Käsen noch nicht abgeschlossen. Die Molke soll gelb und durchsichtig aussehen. Wenn man mit dem Löffel etwas gegen die Käsemasse drückt, soll sich in der Vertiefung Molke sammeln. Falls die Masse wieder flüssig wird, wenn man den Löffel anhebt, und Käsemasse an der Unterseite des Löffels hängen bleibt, ist das Käsen noch nicht abgeschlossen. Man kann auch einen Finger (oder ein Messer) in die Masse stecken und nach oben heben, sodaß die Käsemasse genau über dem Finger in zwei Teile geteilt wird.

Wenn die Bruchstücke gerade, ganz und blank sind, ist die Masse fertig. Wenn sich die Masse ungleichmäßig teilt und die Molke trüb von der Käsemasse wird, muß man sich noch etwas gedulden.

Dann stellt man den Käsebruch her. Schneide mit einem langen Messer, sodaß sich die Masse in gleichgroße Stücke teilt. Zuerst eine Serie

78

parallele Schnitte und dann ungefähr genausoviele quer über die früheren Schnitte. Die Sennerin konnte die Masse mit einem Löffel brechen, aber dabei riskiert man, daß die Käsekörner zerstört werden und am Boden des Topfes Schlamm bilden.

Danach rührt man langsam und teilt größere Klumpen, die an die Oberfläche kommen. Laß den Topf eine Weile stehen, vielleicht eine Viertelstunde, und nimm die Käsemasse dann auf.

In die Käseform legt man ein Käsetuch, das man zuerst in die warme Molke taucht.

Dann hebt man die Käsemasse mit sauberen Händen in die Form. Wenn die Form voll ist, faltet man das Käsetuch über dem Käse zusammen. Falte so glatt wie möglich. Alle Falten sieht man sonst als Abdruck im Käse. Presse die Käsemasse mit den Händen, sodaß möglichst viel Molke abläuft. Lege ein Gewicht obenauf.

Nach einer Stunde oder früher kann man versuchen, ob der Käse so gut zusammenhält, daß man ihn vorsichtig aus der Form nehmen kann und ihn mit der anderen Seite nach unten wieder zurücklegt.

Besonders wenn man den Käse in einem Sieb macht, sollte man ihn so früh wie möglich wenden, damit er eine feine runde Form auf beiden Seiten bekommt.

Schon am nächsten Tag nimmt man den Käse aus der Form, umwickelt ihn mit einem trockenen Handtuch und läßt ihn auf einem Schneidebrett zum Trocknen liegen. Wende den Käse jeden Tag und sieh zu, daß er immer auf einer trockenen Unterlage zu liegen kommt. Von einem langen Handtuch kann man zuerst die eine Hälfte verwenden. Wenn der Käse umgedreht wird, verwendet man die andere Handtuchseite, während die feuchte Seite wieder trocknen kann. Während der ganzen Zeit soll der Käse in Zimmertemperatur liegen. Wenn die Außenfläche trocken ist, ist der Käse vor Eindringlingen geschützt. Trotzdem kann man den Käse noch in ein Tuch einschlagen.

Lege den Käse in einen Küchenschrank. Wende ihn einmal in der Woche (am Anfang öfter) und laß ihn vier bis sechs Wochen liegen. Wenn Schimmel auf den Käse kommt, kann man ihn mit etwas Salzwasser abwaschen.

Was den Käse von der Sennhütte vom hausgemachten Käse unterscheidet ist, daß die Molke nach dem Käsebruch nicht so lange mit der Käsemasse gerührt wird. Sie wird auch nur angewärmt, um das Lab hinzuzufügen. Dadurch hat der Käse einen größeren Molkeanteil. Der höhere Wassergehalt macht, daß der Käse früher Geschmack bekommt, er altert ganz einfach schneller.

Von einer norwegischen Sennhütte wird berichtet, daß man diesen Weißkäse, genannt »kvitosten«, zum Mittagessen mit Kartoffeln, Butter und braunem Molkekäse aß.

Käsefest in Småland

Von Skepperstad im westlichen Småland kommt diese Beschreibung davon, wie es zuging, wenn der Weihnachtskäse hergestellt wurde. So machte man es 1910, aber die Traditionen und das Rezept sind natürlich viel älter.

Der Bericht geht genügend bis ins Einzelne, daß man ihn als Anleitung verwenden kann, um den gleichen Käse zu machen. In diesem Fall ändert man nur die Milchmenge, sodaß sie dem Topf angepaßt ist, in dem man die Milch wärmt. Ein anderes Smålandrezept gibt 10 – 12 Liter Milch und 1 – 2 Eßlöffel Lab an, was eine gute Richtlinie sein kann. Anfang September machte man den Weihnachtskäse, damit er rechtzeitig zu Weihnachten fertig wurde. In Skepperstad waren es vier Höfe, die einander halfen, alles Material für das Käsen auf jedem Hof zu sammeln. Der einzelne Hof hatte nicht soviel Milch, daß es für einen Weihnachtskäse reichte, und der Käse mußte ja aus frischer Milch gemacht werden, man konnte also nicht die Milch von mehreren Tagen sammeln.

Von jedem Hof nahm jede Person in Kupfereimern soviel wie möglich mit sich. Diese wurden auch »Dreikannenkrüge« genannt, und wenn man das alte Maß »Kanne« mit zweieinhalb Liter übersetzt, dann faßte ein solcher 7 ½ Liter. Mit zwei Eimern von jedem Hof wurden das 60 Liter.

Auf dem Hof wo das Käsen stattfinden sollte, füllte man die Milch in große Kupferkessel, und dann wurden alle Nachbarn zu Kaffee und Kuchen eingeladen. 9 – 10 Sorten Kuchen gab es auf dem Käsefest, und wenn der Kaffee ausgetrunken war, gingen die Nachbarn nach Hause. Dann fingen die Leute auf dem Hof mit dem Käsen an.

Der Kessel wurde auf den Holzofen gesetzt und die Milch auf 37 Grad erwärmt. Dann nahm man den Kessel vom Feuer und mischte für 40 Liter Milch eine Kaffeetasse Käselab hinein.

80

Diese Dosierung können wir jetzt nicht verwenden, weil das Lab eine andere Konzentration hat. Der Kupferkessel wurde zugedeckt, während die Milch sich verkäste, und wenn man sehen konnte, daß sich die Milch von den Rändern des Kessels löste, war das Käsen beendet. Mit einem langen Messer teilte man die Käsemasse vorsichtig in Viertel (aber man rührte nicht), und dann durfte sie stehenbleiben, bis die Molke sich nach oben absetzte. Daraufhin schöpfte man die Molke aus dem Kessel und schnitt wie vorher mit dem Messer, aber die Teile wurden immer kleiner. Dann durfte das ganze wieder ruhen, sodaß sich noch mehr Molke von der Käsemasse absetzte, und die Molke wurde wiederum abgeschöpft. Wenn soviel Molke wie möglich weg war, knetete man die Käsemasse vorsichtig mit den Händen zu einem Klumpen.

Dann wurde die Käseform vorbereitet. In Småland nahm man einen Span- oder Rohrkorb mit geraden Kanten. Ein Handtuch wurde in die Molke getaucht, ausgewrungen und in den Käsekorb gelegt. Kleine Mengen des Käseklumpens wurden nach und nach mit den Händen aufgenommen und hart und fest in den Korb gedrückt.

Neue Käsemasse wurde eingefüllt, bis der Korb voll war.

Dann mußte der Käse auch schon gewendet werden. Ein neues Tuch wurde in die Molke getaucht, ausgewrungen und über den Korb gelegt. Der Korb wurde vorsichtig umgedreht, sodaß der Käse nun mit der unteren Seite auf dem Handtuch zu liegen kam. So wurde der Käse während des ganzen ersten Tages jede zweite Stunde umgedreht. Am zweiten Tag wurde kein feuchtes, sondern ein trockenes Tuch beim Wenden benutzt. Nun und an den darauffolgenden Tagen wurde der Käse nur am Morgen und Abend gewendet, aber der Korb wurde immer als Stütze für den Käse benutzt.

Während eines Monats wurde der Käse in der Küche aufbewahrt und ebenso sorgfältig gepflegt wie ein Kleinkind (was vielleicht mehr über die frühere Pflege von Kleinkindern aussagt als über die Käsebereitung).

Nach diesem ersten Lebensmonat des Käses wurde er in ein Handtuch gehüllt und in die Speisekammer gelegt. Nun war es Spätherbst bzw. Winter, und die Speisekammer sollte eine Temperatur von 8 – 10 Grad haben, welche dem Käse am besten bekam.

Nun kochte man keinen Molkenkäse aus der Molke sondern mischte sie mit Milch und verwendete sie zum Backen.

Käse von Öland

Zu den Vorgängern des »prästost« (präst bedeutet im Schwedischen Pfarrer) gehört vielleicht folgender Käse, dessen Beschreibung von Öland kommt.

Der Käse gleicht dem »prästost« durch das Salzen und Würzen und bekommt auch die kleinen, unregelmäßig geformten Löcher, die gleichmäßig über den ganzen Laib verteilt sind.

Für 10 – 12 Liter Milch verwendet man 1 – 2 Eßlöffel Käselab. Wärme die Milch auf 35 – 40 Grad, füge das Lab hinzu und laß alles ungefähr eine halbe Stunde stehen.

Unterbrich das Koagulum und laß das Gefäß 5 – 10 Minuten stehen. Siebe die Käsemasse und zerteile sie dann in kleine Stückchen. Mische mindestens einen Eßlöffel feines Salz, gemahlenen Ingwer oder Kümmel darunter, knete und packe in Formen. Wenn der Käse geformt ist, wird er außen mit grobem Salz bedeckt und wieder in die mit einem trockenen Handtuch ausgelegte Form gelegt. Wende wieder nach einigen Stunden und dann am Morgen und am Abend. Das Handtuch wird ungefähr acht Tage lang zweimal täglich erneuert. Manchmal wäscht man den Käse ab und pinselt ihn mit Branntwein oder anderem Alkohol ein, damit er nicht schimmelt. Zuerst wird er bei 18 – 20 Grad gelagert, später bei 14 – 16 Grad. Der Käse muß mindestens sechs bis acht Wochen reifen.

Daß der Käse schneller reift als in den früheren Rezepten hängt vom Salzen ab.

Aus der Molke wurde eine Art Brei zubereitet. Erst kocht man die Molke ein paar Stunden, dann wurde Grütze aus der Molke und Reis- und Gerstenkörnern gekocht.

Seit Anfang 1950 hat sich ein Nähkränzchen zusammengetan und Käse nach diesem Rezept gemacht, das aus der Kindheit der Käsemacher vom Anfang des 19. Jahrhunderts stammt.

Sie verwenden geflochtene Spankörbe und manchmal Blechformen, die man auf dem Markt kaufen kann, als Formen.

Moderne »prästostar« werden manchmal auch mit Gewürznelken gewürzt. Sie werden nach dem Käsebruch auf 38 – 42 Grad erwärmt und in Salzlake gelegt, um eine gute Rinde zu bekommen. Mehr über »prästost« auf Seite 87.

Traditionelle Käsekörbe und Käseformen. Vorne ein aus Wurzeln geflochtener Frischkäsekorb, ein gewöhnlicher geflochtener Korb und eine Form für Ziegenkäse mit eingeschwalbten Ecken und geschnitztem Boden mit Ablauflöchern. Dahinter liegt eine alte Käseform, die mit Zapfen zusammengehalten wird. Die kleinen Löcher in den Wänden sind schwer sauberzuhalten und nicht notwendig für das Abrinnen der Molke. Die Form hat keinen Boden und wird auf eine Käserinne (Käsebrett) gestellt. Die Blechform ist eine Eierkäseform von Bohuslän (siehe Seite 116). Die hochkant gestellte Holzform wird auf Seite 47 beschrieben.

Die Käsebande in Tiveden

(Mit »gäng« bezeichnet man im Schwedischen eine Gruppe von Menschen, die sich zusammentun, um etwas gemeinsam zu unternehmen. Oft bezeichnet man mit »gäng« auch eine Gruppe Jugendlicher, die gemeinsam Unsinn treiben.)

In Åboholm in den westgotländischen Wäldern von Tiveden hat die Bäuerin Eva Karlsson 1940 gelernt, wie man Käse macht. Aus Milch von den eigenen Kühen hat sie seitdem zwischen 30 – 40 Käse im Jahr gemacht.

Die Käse machte sie aus 15 Liter Milch und einem Branntweinglas Lab. Wenn die Milch verkäst war, zeichnete sie ein Kreuz in die Käsemasse und ließ diese sinken. Die Molke wurde aus dem Topf geschöpft. Ein paar Eßlöffel Salz wurden hineingemischt und die Käse wurden in Käsekörben geformt. Wenn die Käse fest waren, wurden sie in Handtücher eingeschlagen auf ein Brett im Küchenschrank gelegt. Es wurden massenweise Handtücher gebraucht, während der Käse trocknete.

Die Rinde behandelte Eva Karlsson sowohl mit Butter als auch mit Salz, damit die Käse nicht schimmeln und reißen sollten. Nach 1 ½ bis 2 Monaten waren die Käse fertig. Manchmal würzte sie den Käse mit Kümmel.

Falscher Schimmelkäse ist eine Erfindung von Eva.

Der »Schimmel« bestand ganz einfach aus gehackter Petersilie, die mit der Käsemasse in den Formen gemischt wurde.

Besserer Käse mit neueren Methoden

Ein Problem bei den älteren Käserezepten ist, daß zuviel Molke im Käse verbleiben kann. In den Molkereien wärmt man Molke und Käsemasse nach dem Käsebruch immer ein wenig auf. Vorkäsen vor der Erwärmung und Nachkäsen nach der Erwärmung trägt dazu bei, mehr Molke aus den Käsekörnern zu entfernen, wodurch sie fester werden. Je länger gerührt wird und je wärmer die Molke ist, desto fester werden die Käsekörner.

Man nimmt einige Käsekörner auf und kostet. Wenn sie beim Hineinbeißen ein wenig Widerstand leisten, ist die Masse fertig zum Formen. Die Körner sollen sich fest und elastisch anfühlen. Sie werden nicht alle gleichzeitig fertig, man sieht deutlich den Unterschied zwischen festen und weichen glänzenden Käsekörnern, die mehr Feuchtigkeit enthalten.

Früher brachte man die Milch bei einer Temperatur von 37 Grad zum Käsen. Da geht das Koagulieren am schnellsten. Man hatte schwächeres und schlechteres Lab, darum war es notwendig, so eine hohe Temperatur zu halten. Nun, wo es möglich ist, besseres Lab zu bekommen, können wir mit 31 bis 32 Grad als Koagulierungstemperatur zufrieden sein.

84

Die Labmenge zu verringern und die hohe Temperatur zu behalten ist keine gute Lösung, da die Labmenge nicht nur für das Koagulieren wichtig ist, sondern auch dafür, daß der Käse richtig reift.

Der Nachteil beim schnellen Koagulieren ist, daß es bei zu hoher Temperatur schwer ist, die Koagulation beizeiten zu unterbrechen. Bei niederer Temperatur kann man der Veränderung der Milch besser folgen und die Koagulierung rechtzeitig unterbrechen.

Eine andere Ursache für die hohen Koagulierungstemperaturen in alten Zeiten war, daß man oft in Außengebäuden oder an anderen kalten Orten arbeitete, wo die Milch während der Käsebereitung schnell abkühlte. In Molkereien und Küche hat man eine Wärme, die sowohl für Menschen, Käse und die Käsemilch behaglicher ist.

Moderner hausgemachter Käse

Mit Hilfe der Kenntnisse, auf denen das Molkereihandwerk aufbaut, kann man sicher feine Käse herstellen. Es ist etwas umständlicher als die alte Art, aber man hat auch größere Chancen, daß es gelingt. Folgende Rezepte für hausgemachten Käse sind die handwerksmäßigen Variationen zum Molkereikäse. Die Säuerung wird mitbeschrieben, ob man nun Ladenmilch oder Stallmilch verwendet. Wer will, kann Abendmilch nehmen und sie stattdessen über Nacht selbst reifen lassen, oder den Arbeitsgang mit der Reifung (Säuerung) ganz überspringen.

Mache am Tag vor dem Käsetag eine Säurekultur zurecht, die die Vermehrung der Bakterien in dem kommenden Käse regulieren soll.

Für 10 Liter Käsemilch: Koche einen Deziliter Milch auf und kühle sie auf 20 Grad. Mische mit einem Eßlöffel frischer »filmjölk« (Sauermilch nach Schwedenart) und laß sie bis zum nächsten Tag bei einer Temperatur von 18 – 20 Grad stehen. Will man mehr als 10 Liter käsen, dann erhöht man den Anteil an Säure proportionell.

Am Käsetag wärmt man die Käsemilch auf 30 Grad und mischt die nun dickflüssige Säurekultur hinein.

Nach 20 Minuten fügt man das Lab hinzu. Kontrolliere die Temperatur und achte darauf, daß die Milch 30 Grad hält. Rühre einen Eßlöffel Lab aus dem Laden oder 3 ml Molkereilab in dreimal soviel kaltem frischen Wasser an und mische es sofort in den Topf. Wenn das Lab eine

Weile steht, wird es schnell schlechter. Mische das Lab unter regelmäßigem Rühren ordentlich in die Milch und laß die Milch nicht umherwirbeln.

Laß die Milch mit einem Deckel oder einem Handtuch über dem Topf stehen, sodaß sie nicht abkühlt.

Nach 35 Minuten oder bis zu einer Stunde ist das Käsen beendet. Wenn man am Rand des Topfes klare Molke sieht und die Bruchflächen des Koagulums gleichmäßig und blank sind, ist es Zeit zum Brechen.

Nun gilt es vorsichtig zu schneiden, damit man gleichmäßige Stücke vom Koagulum bekommt und die Käsekörner nicht losgelöst werden und die Molke trüben. Ruhig und genau schneidet man mit einem langen Messer erst parallel, sodaß sich lange stehende Scheiben vom Koagulum im Topf bilden. Dann schneidet man quer über die ersten Schnitte, sodaß die Käsemasse wie ein Bündel vierkantiger Stäbe wird, die auf dem Boden des Topfes stehen. Zum Schluß teilt man die Stäbe so, daß man kleine Würfel in der Größe zwischen einem Stück Zucker und Erbsen bekommt. Das kann man erreichen, indem man schräg mit dem Messer durch das Koagulum schneidet, zuerst nach links und dann nach rechts. Oder man kann die Stäbe auch vorsichtig mit den sauberen Händen bzw. mit Hilfe von zwei Löffeln umdrehen, sodaß sie liegen anstatt stehen, dann ist es leicht sie zu schneiden. Sieh zu, daß die Stücke ungefähr gleich groß werden.

Dadurch, daß man die Käsemasse in kleine Stückchen teilt, kann die zwischen den Käsekörnern gebundene Molke leichter herauskommen. Sie sickert hervor, und da die Stückchen alle gleich groß sind, werden alle Käsekörner ebenso schnell dräniert. Rühre vorsichtig vom Boden aufwärts, sodaß die Stücke in der Molke fließend gehalten werden und sich nicht auf dem Boden zusammenballen. Aber rühre am Anfang nicht so heftig, daß die Käsemasse sich körnt und Schlamm bildet.

Nach zehn Minuten rühren wärmt man ganz langsam die Käsemasse und die Molke. Man erhöht die Temperatur um ein oder zwei Grad innerhalb von fünf Minuten. Wenn man nicht langsam genug erwärmt, schließt sich die Außenfläche des Käsekornes, sodaß die darin enthaltene Molke nicht herauskommen kann. Rühre gleichzeitig ordentlich (jetzt ist das Risiko für Käseschlamm kleiner), damit der Käse sich nicht auf den warmen Boden legt.

86

Wärme bis zwischen 38 – 40 Grad. Je höher die Temperatur, desto geringer wird der Wassergehalt im Käse.

Vollfetter Käse wird höher erwärmt als halbfetter Käse.

Nach dem Erwärmen wird weiter umgerührt, bis die Käsekörner fest sind. Knete etwas Käsemasse in der Hand. Laß los und beobachte, ob die Käsemasse nach dem Zusammenpressen versucht, sich auszuweiten, »sich zu strecken«, dann sind die Käsekörner fertig. Wenn sie sich noch nicht strecken, muß man länger rühren. Das kann zwischen einer Viertelstunde und einer Stunde dauern. Das Formen geht auf verschiedene Art zu, abhängig davon, welche Art Käse man haben will.

»Prästost« (Pfarrerkäse)

Dieser Käse soll körnig werden und mit kleinen Löchern versehen sein. Darum legt man ihn auf ein größeres Sieb, teilt die Käsemasse in kleinere Stücke und mischt Salz darunter (15 Gramm auf 10 Liter Milch). Dann wird die Käsemasse in eine mit einem warmen Molketuch ausgekleidete Form gepackt und mit einem Gewicht beschwert. Körniger Käse mit kleinen Löchern wird bei Zimmertemperatur gelagert. »Herrgårdsost« (Käse vom Herrenhof) wird nicht in der Masse gesalzen. Die Käsemasse soll unter der Molke gesammelt werden, sodaß keine Luft zwischen die Käsekörner kommen kann, wenn der Käse geformt wird. Dann bilden sich während der Lagerung die großen Löcher, die so typisch für den »herrgårdsost« sind. Die Löcher entstehen dadurch, daß die Milchsäurebakterien Kohlendioxyd bilden.

Habe beim Topf ein großes Käsetuch zur Hand. Das Tuch soll nicht schmal sein, sondern gut zugemessen, sowohl in der Breite als auch in der Länge. Rühre mit dem Löffel immer in derselben Richtung im Topf. Dann wird die Molke nach den Rändern hingepreßt und die Käsemasse legt sich wie ein Gipfel mitten in den Topf. Das erleichtert das sammeln der Käsekörner mit dem Tuch. Das Tuch soll so nahe wie möglich an den Topfwänden entlangstreifen. Halte das Tuch gestreckt zwischen den Händen und führe die Hände an den Wänden des Topfes entlang, zuerst nach dem Boden, dann längs dem Boden und an der anderen Seite wieder hinauf. Nun liegt das Tuch so, daß der größte Teil der Käsemasse sich darin gesammelt hat. Sammle die

Kanten des Tuches zu einem Bündel zusammen, ohne daß die Käsemasse über die Oberfläche der Molke gehoben wird. Wringe das Bündel aus, sodaß die Molke durch das Tuch gedrückt wird. Nimm das ganze Bündel auf und drücke es in die Käseform. Glücklich in der Form, kann man das Bündel öffnen und das Tuch glatt und fein um die Käsemasse legen. Beschwere mit einem Gewicht. Der Käse wird so oft gewendet, daß er nicht ungleichmäßig in der Form wird. Am ersten Tag 4 – 5 mal wenden, danach ist kein Gewicht mehr notwendig. Wenn ein Käse mit großen Löchern abgetrocknet und eventuell gesalzen ist, wird er einige Wochen kühl gelagert, danach bei Zimmertemperatur.

Sieh den Käse genau an, wenn Du ihn aus der Form nimmst. Fällt er zusammen, muß er länger in der Form liegen. Ein runder Käse, der in einem Sieb geformt wird, muß länger im Sieb liegen, damit er nicht flach wird. Dadurch, daß das Sieb gut durchlüftet wird, trocknet die Außenfläche des Käses gleichmäßig rundherum.

Denke auch daran, den Käse während des Formens vor Abkühlung zu schützen. Wenn die Form aus Holz ist, besteht keine Gefahr. Aber Plastik- und Metallformen müssen warm gehalten werden, indem man die Form an einen warmen Platz stellt oder ein Handtuch darum herumwickelt.

Außenbehandlung von Hartkäse

Eine Außenbehandlung ist nicht unbedingt nötig. Wenn der Käse genau die richtige Zeit zum Trocknen hat, bildet sich eine Rinde, die ihn vor Schimmel schützt.

Wogegen der Käse eventuell geschützt werden muß, ist Schimmel und allzu starkes Austrocknen. Da kann man ruhig etwas experimentieren und sich überlegen, was notwendig ist in den zu Verfügung stehenden Räumen und der aktuellen Jahreszeit.

Am leichtesten und ungefährlichsten ist es, den Käse mit Öl oder gesalzener Butter einzureiben. Das macht man nicht, bevor der Käse außen wirklich trocken ist. Will man dem entgegenwirken, daß der Käse zu hart wird, so kann man ihn manchmal mit lauwarmem Wasser abwaschen. Aber nicht so, daß die Außenseite ständig feucht ist, sonst bereitet man ein gutes Milieu für Schimmel.

Branntwein oder anderer Alkohol sind auch gut zum Abwaschen, falls es ein Risiko gibt, daß der Käse schimmelt.

Sollte der Käse reißen, nachdem die Außenseite getrocknet ist, kann man Butter in die Risse drücken. Das gibt einen guten »Deckel«, der alle Kleinlebewesen ausschließt. Ein Langzeitkäse (gelagerter Käse), der mit Butter eingerieben ist, sollte am besten kühler aufbewahrt werden, sonst kann die Butter ranzig werden, ehe der Käse fertig ist.

Das Salzen gibt dem Käse eine stabile Oberfläche. Wenn man keine Angst vor Salz im Essen hat, kann man den Käse auch in Salzlake legen. Vor allem in der Sommerzeit, wenn die Temperatur besonders günstig für Bakterien ist, kann es gut sein, den Käse von außen zu salzen. Die Salzlake besteht aus Wasser und so viel Salz, daß die Flüssigkeit damit gesättigt ist. Lege einige Handvoll Salz in eine Schale oder einen Eimer mit Wasser und rühre um. Es soll so viel Salz darin sein, daß eine rohe Kartoffel schwimmt. Sobald das Salz sich nicht mehr auflöst, wenn man rührt, sondern am Boden liegen bleibt, ist die Lake gesättigt.

Laß den Käse über Nacht an einem nicht allzuwarmen Platz darin liegen. Lege einige Salzkörner auf den Teil des Käses, der aus der Lake hervorschaut. Die Salzlake kann lange verwendet werden, für mehrere Käse. Sollte sie gelb und schleimig werden, kocht man sie nur auf, dann wird sie wieder fein. Siehe rechts im Bild Seite 135 unten.

Trockensalzen der Oberfläche nennt man pökeln. Das eignet sich am besten für weiche Käse. Grünschimmelkäse wird gepökelt, wenn man da in die Käsemasse salzen würde, würde die Schimmelentwicklung gehemmt.

Zu den arbeitsaufwendigeren Arten, die Oberfläche des Käses zu behandeln, gehören Wachsen und Paraffinieren, aber eigentlich hat der Amateur-Käsemacher keinen Anlaß, diese Methoden anzuwenden. Wenn man den Käse sorgfältig bewacht, kann er sich gut »ohne Kleider« entwickeln.

Die Lagerung von Hartkäse

Ein Erdkeller ist oft perfekt als Käselager, da er genau die richtige Luftfeuchtigkeit hat. Aber besonders im Winter wird der Keller zu kalt, als daß der Käse sich gut entwickeln könnte.

Nur wenige haben einen Erdkeller, aber deshalb braucht man keinen schlechteren Käse zu bekommen. Am allerschnellsten reift der Käse bei normaler Zimmertemperatur. Nach einer Weile kann man den Käse in eine kältere Speisekammer legen, falls die Zimmertemperatur zu warm erscheint. Käse, die viele Monate lang gelagert werden sollen, brauchen eine kühlere »Wohnung« als Käse, die nur kurze Zeit gelagert werden. Wenn die Luft sehr trocken ist, wird der Käse auch trocken und bekommt eine dickere Rinde. Dem kann man entgegenwirken, indem man den Käse ab und zu etwas anfeuchtet.

Ein Käsehersteller gießt Wasser auf Ziegelsteine, um eine optimale Luftfeuchtigkeit für sein Käselager zu erzielen. An diesen Rat kann man denken.

Port salut

Indem man den Käse mit Salzwasser behandelt, erzielt man genau das richtige Milieu für die Bakterien, die dem Port salut die typische gelbrote Rinde geben. Die Rinde ist nicht nur da, um dem Käse ein ansprechendes Äußeres zu geben, sie gibt dem Käse auch einen besonderen Geruch und Geschmack. Mit Hilfe der Bakterien reift der Käse nicht von innen wie anderer Käse, sondern von außen, darum macht man ihn ziemlich flach.

Die Schale wird nicht weggeschnitten sondern aufgegessen. Moderner schwedischer Port-Salut-Käse hat in der äußeren Schicht der Schale Farbzusatz. Wenn man das wegschneidet, erleidet der Käse keinen Geschmacksverlust.

Wir können den Käse ungefähr auf die gleiche Weise zu Hause behandeln. Mache einen flachen, ungefähr 6 cm hohen Käse. Wenn der Käse sich gefestigt hat, legt man ihn einen Tag lang in Salzlake. Die Salzlake soll so stark sein, daß eine Kartoffel schwimmt.

Dann lagert man den Käse bei einer Temperatur von ungefähr 18 Grad in einem Raum mit hoher Luftfeuchtigkeit. Lege den Käse auf ein geöltes Stück Wellpappe, so kommt die Luft auch an die Unterseite. Pinsle den Käse jeden Tag mit einer schwachen Salzlösung: koche ½ Teelöffel Salz mit einem halben Liter Wasser und laß abkühlen. Wenn die Oberfläche nicht von falschen Bakterien angegriffen wird, kann man jeden Tag pinseln (und den Käse wenden). Falls der Käse aussieht, als würde er die häufige Pinselung nicht gut vertragen, unterbricht man das Pinseln ein paar Tage. Wenn man die rechte Rotkittfarbe erreicht hat, dauert es nur 3 – 4 Wochen bis der Käse fertig ist. Aber schon nach 10 – 14 Tagen hat der Käse ein gewisses Aroma.

Harter Labkäse wird Altkäse

Ein Käse mit einer Probekarte von Schimmel in allen Farben und beinahe flüssig in der Konsistenz kann die rechte Person dazu bringen, in Trance zu fallen. Ein richtiger Altkäse! Andere rümpfen die Nase und murmeln etwas von Würmern und Luftverunreinigung.

Es gab viele alte Kniffe, um einen gewöhnlichen Hartkäse richtig alt und gut werden zu lassen. Den Käse in den Misthaufen einzugraben, sollte ein besonders gutes Milieu und Wärme geben. Ich weiß jemanden, der das versucht hat, aber der Fuchs grub die Schätze schnell hervor.

Eine andere alte Methode war, eine Grube in die Erde zu graben und den Käse dahinein zu legen. Da bettete man den Käse in Laub, damit er es schön warm hatte. Auf einem Laubbett lag der Käse auch, wenn er im Erdkeller gelagert wurde. Da wurde der Käse mit oder ohne Tuch wechselseitig mit Laub in einer Kiste gelagert. Nach einer Woche oder vierzehn Tagen war der Käse reif. Es ging so schnell, weil der Käse warm zwischen dem Laub lag.

Die Blätter sollten von der Grauerle stammen, die im Schwedischen auch »alder« oder »ader« genannt wird. Die Grauerle wächst gewöhnlich in Norrland (Lappland), woher auch die Sitte stammt, den Käse in Laub zu lagern.

Vielleicht hat man in anderen Teilen des Landes den Käse in anderen Laubsorten gelagert? In Weinblätter eingeschlagenen Käse gibt es ja in den südlichen Ländern. Von Stina Larsson in Bjuråker, genannt Knall-Stina nach dem Bauernhof von dem sie stammt, kommt die Beschreibung, wie ihre Mutter Altkäse in Medelpad machte. Die Beschreibung ist nicht zu schwer, um sie selbst auszuprobieren.

Zuerst machte man den Käse wie üblich. Wenn die Milch koaguliert war, rührte man die Käsemasse eine kurze Weile, sodaß sie körnig wurde. Die Molke wurde abgeschöpft. Ein Käsetuch wurde in die Form gelegt und die Masse eingefüllt. Sie preßte viel und nahm dann den Käse auf, um ihn zu wenden und wieder zu pressen. Der Rest der Molke durfte auf der Käserinne ablaufen. Am nächsten Tag nahm man den Käse aus der Form und das Tuch weg. Vom Morgen bis zum Abend lag der Käse in Salzlake, die aus einem Eimer Wasser mit einer Handvoll Salz gemacht war. So bekam der Käse eine scharfe Haut und wurde blank und fein. Danach durfte der Käse auf einem Regal trocknen und wurde jeden Tag gewendet.

Ein paar Wacholderzweige mit Beeren wurden einige Minuten zu einer Wacholderlake für den Käse gekocht. Die Flüssigkeit wurde gesiebt und abgekühlt. Eine Handvoll Salz wurde darin aufgelöst. Dann legte man den Käse ein paar Tage in die Wacholderlake, damit er gelb und fein wurde. Danach wurde der Käse einen Tag oder bis zu einer Woche lang wieder getrocknet. Wenn er trocken war, rieb man ihn mit einer Mischung aus Molkenbutter und Sirup ein (Sirup, damit die Molke nicht eintrocknete). Diese Mischung hielt den Käse weich. Nun lag der Käse wieder eine Woche auf dem Regal, wurde jeden Tag gewendet und ab und zu auch auf eine Seite gelegt.

Zuletzt wurde er im Erdkeller aufbewahrt, in einer Kiste aus Spundbrettern mit Deckel. Nach ungefähr einem Monat war der Käse fertig.

Saurer Altkäse wird auf Seite 68 beschrieben.

Käsefehler und Heilmittel

Nach jedem Käsen wird man ein wenig gescheiter. Man lernt sowohl, wenn der Käse gut wird, als auch, wenn er mißlingt. Wenn man den Käse selbst gemacht hat, nimmt man die Fehler nicht so schwer. Selten mißglückt ein Käse so, daß er überhaupt nicht eßbar ist. Aber es kann doch gut sein, einige Maßnahmen zu kennen, damit das nächste Käsen besser gelingt.

Am schwersten ist es, einen Käse zu bekommen, der nicht sauer ist. Ein Molkereiarbeiter kann sagen, daß saurer Käse das Schlimmste ist, was man bekommen kann. Aber ich habe auch Heim-Käsemacher gehört, die lieber einen sauren Käse als einen gegorenen, nicht eßbaren Käse in Kauf nehmen. Ein saurer Käse ist auf jeden Fall gesund.

Hier sind einige Kniffe:

Harte und saure Käse bekommt man, wenn die Zeit zum Käsen zu kurz ist.

Zäher und trockener Käse ist das Resultat einer zu langen Käsungszeit. Es ist nötig, den goldenen Mittelweg zu finden. Wenn der Käse sauer wird, versuche das nächste Mal feiner zu brechen (in kleinere Stücke oder Würfel), sodaß die Molke schneller ablaufen kann. Erhöhe auch die Nachwärmungstemperatur und verlängere die Zeit zum Nachkäsen.

Falls der Käse schon in den ersten Tagen gärt, kann er mit Kolibakterien infisziert sein (das gilt nur für unbehandelte Stallmilch). Dann muß man die Stallhygiene kontrollieren und bei allen Arbeitsmomenten besondere Sauberkeit beachten.

Falls der Käse gärt, wenn er einige Wochen alt ist, muß man ihn kälter aufbewahren.

Bekommt der Käse Risse und handelt es sich nicht um Gären mit Gasentwicklung, kann das darauf beruhen, daß die Käsetücher beim Formen nicht warm genug waren. Es ist ja wichtig, daß die Käsekörner beim Formen zusammengehen und eine gleichmäßige glatte Fläche bilden. Das Problem ist am größten, wenn man Käse mit kleinen Löchern macht, weil dabei Luft zwischen die Käsekörner kommen kann. Rundlöcheriger Käse, der unter der Molke geformt wird, ist leichter fein und rissefrei zu bekommen. Lege ein Frotteehandtuch, das die Wärme hält, über die Form, falls es sich um eine Form aus schnell abkühlendem Material handelt. Beschwere den kleinlöcherigen Käse etwas stärker, dann geht er besser zusammen.

Falls der Käse die Form verliert und auseinanderläuft, wenn man ihn aus der Form nimmt, ist er zu wenig gesäuert (siehe Seite 35).

Harter, fester und stummer Käse (»Stummer Käse« = Käse der nicht »nachgibt«, der sich nicht entwickelt hat, bei dem der Gärungsvorgang falsch gelaufen ist) ist zuviel gesäuert.

Genau richtig gesäuert ist der Käse, falls er sich nur ein wenig verformt, wenn man ihn aus der Form nimmt. Schon nach einem Tag soll er fest sein.

Schlechtes Koagulum und weißgefärbte Molke bekommt man, wenn man pasteurisierte Milch ohne Säure käst. Erhöhe dann die Gerinnungstemperatur auf 34 Grad und laß die Milch stehen und koagulieren bis sie fest wird. Unterbrich, indem Du sehr fein schneidest. Die Nachwärmungstemperatur soll zwischen 38 – 39 Grad liegen, dann ist es leichter, die Käsekörner trocken zu bekommen.

Weiche Käse

Die weichen Käse, die man zum Nachtisch ißt, nennt man oft Dessertkäse. In dieser Gruppe findet man alle feinen ausländischen Käse wie Camembert, Brie, Gorgonzola und viele andere. Weiche Käse soll man nicht mit dem verwechseln, was die Schweden oft Weichkäse nennen, die Art von Käsen, die mit Pilzen, Krabben oder anderen Zutaten zu einem streichfertigen Käse gemischt werden. Der richtige Name für diese Käse ist Schmelzkäse. Sie sind, wie der Name schon sagt, unter anderem aus geschmolzenem Käse hergestellt.

Die weichen Käse macht man zu Beginn auf die gleiche Weise wie die harten Labkäse. Aber damit sie weich werden, muß man viel mehr Feuchtigkeit, d.h. Molke, im Käse behalten. Darum bricht man die Käsemasse nur ganz wenig oder überhaupt nicht. Die Käsemasse wird vorsichtig in Formen gelegt von denen die Molke abrinnt. Das Würzen besteht oft darin, daß man eine Schimmelkultur in Form eines Pulvers oder einer Lösung beimischt.

Dann wird der Käse so gelagert, daß der Schimmel sich in der gewünschten Form entwickelt.

Der Schimmel entscheidet nicht nur über den Geschmack, sondern gibt dem Käse oft auch die cremeartige, weiche Konsistenz.

Es ist nicht schwer, Schimmelkäse zu machen. Der Geschmack ist leicht zu erzielen, wenn auch nicht exakt gleich dem Original, so doch recht ähnlich. Die Struktur und das Aussehen des Käses sind schwerer zu kopieren. Aber Übung macht wie gewöhnlich den Meister . . .

Zuerst eine Beschreibung von Weichkäse ohne Schimmelkultur. Es ist ein Grundrezept, das dann mit verschiedenen Schimmelarten und Gewürzen variiert werden kann.

Weicher Dessertkäse

Fange am Tag vor dem Käsen damit an, den Säurezusatz vorzubereiten, falls der Käse aus Ladenmilch gemacht werden soll. Wenn man unbehandelte Milch verwendet, ist das nicht nötig, aber es kann gut sein, wenn man unsicher ist, welche Qualität die Milch hat.

Schön und Milieufreundlich ist dieser Blattumschlag. Die Blätter auf dem Bild sind eingelegte Weinblätter, die in einer Markthalle gekauft wurden. Weinblätter, Ahornblätter oder Löwenzahnblätter aus dem Garten können auch verwendet werden. (Anm. der Übersetzerin: m.E. müßte man auch Blätter der schwarzen Johannisbeere verwenden können.)

Die Milchmenge wird den Formen angepaßt, die man zur Verfügung hat. Von 10 Liter Milch bekommt man eine Käsetorte und eine Anzahl kleiner Käse. Falls Käsemasse übrig bleibt, kann man daraus Quark machen nach dem Rezept auf Seite 104. Aus drei Liter bekommt man 6 kleine Käse mit einem Durchmesser von 6 Zentimetern oder kleiner, wenn die Formen größer sind.

Tag 1: Man fängt ebenso an wie mit Hartkäse. Nachdem die Milch gereift ist (falls man Säurezusatz verwenden will, siehe Seite 35), sieht man zu, daß die Milch Käsetemperatur hält, 32 Grad. Lab, verrührt mit der dreifachen oder doppelten Menge kaltem Wasser, wird hinzugefügt. Ein Eßlöffel Lab auf 10 Liter Milch oder 1 Teelöffel auf 3 Liter Milch. Laß die Milch mit einem Deckel auf dem Topf mindestens eine Stunde koagulieren.

Eine zerquetschte Knoblauchzehe gibt der milden Käsemasse einen starken Geschmack. Mische Knoblauch und Käsemasse und lasse die Molke ablaufen. Wenn der Käse fest geworden ist (nach ein paar Tagen), wird er eine Woche oder mehr kühl gelagert.

Währenddessen bereitet man die Geräte zum Formen des Käses vor. Koche die Formen ein paar Minuten aus und laß sie dann an der Luft trocknen. Bereite Käsetücher, Ablauftisch und was sonst gebraucht wird (Seite 40) vor. Probiere, ob die Gerinnung abgeschlossen ist, wie man es mit dem Koagulum des Hartkäses macht (Seite 68/69).

Dann kommt der wichtigste Moment, der den Weichkäse vom Hartkäse unterscheidet. Die Käsemasse wird nicht gebrochen, sondern mit einem Löffel direkt aus dem Topf gehoben und in dünnen Schichten vorsichtig in die Form gelegt. Dann soll die Form auf einer Ablaufmatte, die auf einem Ablauftisch liegt, in einer Schale oder auf einem Tablett stehen, wo die Molke aufgefangen wird. Lies über die Geräte für weiche Käse (Seite 40 und 43 und betrachte die Bilder auf Seite 41 und 42).

96

Wenn die Form leicht und ohne Boden ist, mußt Du daran denken, sie mit einer Hand festzuhalten. Sonst wird der Druck so stark, daß die Käsemasse die Form hochhebt und dann fließt die ganze Käsemasse heraus. Das gilt besonders für Plastik- und Blechformen, die ohne Käsetuch verwendet werden.

Das Gewicht, das die Form während der Dränierung festhalten soll, muß direkt zur Hand sein. Man kann ja die Form nicht loslassen, um das Gewicht holen zu gehen. Wenn die Form hoch und schmal ist, muß man einen stark gewinkelten Löffel zum Füllen verwenden, damit er bis auf den Boden der Form reicht, ohne daß die Käsemasse aus dem Löffel fällt.

Größere weiche Käse sollten mit einem Tuch zwischen der Käsemasse und der Form geformt werden. Sonst wird die Oberfläche des Käses so blank, daß die Molke eingeschlossen wird und schwer vom Käse abdunsten kann. Für kleinere Käse ist es ebenfalls vorteilhaft, mit einem Käsetuch zu arbeiten, aber nicht so absolut notwendig.

Stelle den ganzen Stoß mit Form, Gewicht (das natürlich nicht auf die Käsemasse drücken, sondern nur die Form auf der Stelle halten soll), Ablauftisch und Molkenschüssel an einen warmen Platz, damit die Käsemasse nicht abkühlt. Wenn die Formen aus kühlendem Material sind, muß man den Platz besonders sorgfältig auswählen. Vielleicht kann man den Stoß sogar mit einem Handtuch bedecken.

Tag 2: Die Käse dürfen bis zum nächsten Tag stehen bleiben. Dann dreht man die Formen vorsichtig so um, daß die Oberseite des Käses nach unten kommt. Sei sehr vorsichtig, damit der Käse nicht kaputtgeht. Hebe das Käsetuch oder die Ablaufmatte ganz vorsichtig ab, weil es vorkommen kann, daß sie am Käse festkleben. Lege den Käse in ein neues Tuch oder auf eine neue, trockene Matte. Laß ihn bis zum nächsten Tage ruhen.

Tag 3: Am dritten Tag sind die Käse so fest geworden, daß man sie aus der Form nehmen kann. Aber bewache den Käse wenn er »ins Freie« kommt. Sollte er zusammenfallen, muß er noch eine Weile in der Form wohnen.

Falls der Käse nicht einen besonders feinen Spezialschimmel auf der Oberfläche haben soll, kann man ihn etwas salzen und das Salz einreiben. Bewahre den Käse kühl auf, oder im Kühlschrank. Nach einer Woche kann er gut gegessen werden. Man kann ihn einige Wochen kalt lagern, danach gewinnt er aber nicht länger durch weitere Lagerung.

Dieser Käse kann etwas sauer im Geschmack werden, da er viel Molke enthält und nicht nachgewärmt ist. Wenn die hinzugefügte Schimmelkultur wachsen soll, muß der Käse jedoch sauer sein, weil der Schimmel sich im sauren Milieu wohlfühlt.

Wenn man einen festeren Käse als den nun beschriebenen machen will, kann man die Käsemasse vorsichtig im Topf brechen (teilen), damit die Molke freigesetzt wird. So macht man es z.B. mit Roquefortkäse, der weiter hinten beschrieben wird. Man wärmt nach, aber man teilt die Masse recht grob und läßt sie in einem Tuch ablaufen, ehe man sie in Formen füllt.

Variationen zum Grundrezept

In diese Masse kann man alle möglichen Geschmackszusätze mischen. Gehackte Walnüsse ergeben Walnußkäse, gehackte frische Kräuter Kräuterkäse, gewöhnliche Gewürze wie Kümmel oder Nelken, Knoblauch, grüner Pfeffer . . .

Warum nicht ausprobieren, den Käse in duftende Blätter von schwarzen Johannisbeeren oder Hopfen einzuschlagen? Tauche die Blätter in kochendes Wasser und befestige sie mit Fäden rund um den Käse.

Zu den Variationen, die man unbedingt prüfen sollte, gehören die Schimmelkäse. Am einfachsten geht es zu, wenn man ein Stück Schimmelkäse vom Laden zerdrückt und mit der Käsemasse mischt, wenn man sie in die Formen legt. Man kann auch die Formen auf der Innenseite mit dem Schimmel einreiben. Der stärkste und am leichtesten zu verarbeitende Schimmel ist der Grünschimmel, Penicillium roqueforti. Der vermehrt sich leicht und macht den Käse gut. Weiße Schimmelsorten sind schwächer, aber sie sind auch zu kultivieren. Mischt man dagegen grüne und weiße, dann nehmen die grünen Überhand. Schimmelkäse, die fertig entwickelt sind, sollen kalt aufbewahrt werden, am besten eingeschlagen in Aluminiumfolie oder Plastik.

Grünschimmelkäse

Der echte heißt Roquefort und muß aus Schafmilch hergestellt sein und in den Grotten von Roquefort gelagert werden, um den Namen tragen zu dürfen. Darum heißt der schwedische Käse »ädelost«, d.h. Edelkäse. Es gibt noch mehr verschiedene Arten Grünschimmelkäse im Handel. Die meisten sind aus Kuhmilch gemacht.

Der französische echte Grünschimmelkäse wird bei 30 Grad zum Koagulieren gebracht. Die Milch muß lange Zeit gerinnen, 2 Stunden oder mehr. Das Koagulum wird in Stücke von 2 – 2 ½ Zentimeter Länge geschnitten und darf eine Weile in einem Käsetuch abrinnen. Wir können ein großes Sieb mit einem Tuch darin benutzen, oder die Masse direkt mit einem Schaumlöffel (mit Löchern) aus dem Topf in die Form füllen. Die Schimmelkultur wird mit der Käsemasse in der Form gemischt. Die Form ist mit einem in lauwarme Molke getauchten Tuch ausgelegt. Oder, wenn man die Masse erst in einem Sieb dräniert hat, kann man die Kultur schon dann unter vorsichtigem Umrühren hineinmischen. Es ist besonders gut, konzentrierten Schimmel in der Lösung zu verwenden.

Die benötigte Schimmelmenge ist klein. Für den Käse auf dem Farbbild Seite 101 wurde 1 Milliliter Schimmelkonzentrat verwendet. Ich mische die Menge mit etwas lauwarmer Molke, damit sich das Konzentrat besser in der Masse verteilen sollte. Nach einer Stunde, falls es geht, ohne daß der Käse zusammenfällt, wendet man ihn. Tauche das Tuch wieder in die lauwarme Molke, damit die Oberfläche des Käses nicht abkühlt.

Laß den Käse solange wie notwendig in der Form stehen und verwahre ihn später eingehüllt in ein Tuch ohne Form. Wende oft und sieh zu, daß der Käse nicht in einer kühleren Zimmertemperatur als 20 Grad liegt.

In einigen Tagen trocknet der Käse und wird leicht zu handhaben.

Der Roquefortkäse wird nicht nur im Dorf mit dem gleichen Namen hergestellt, sondern auch in vielen Molkereien in der Gegend. Aber nach der Lagerung bei 20 Grad wird der Käse zur weiteren Lagerung und Reifung nach Roquefort transportiert. Da liegen die Käse sechs Tage bei 9 – 10 Grad und werden während dieser Zeit auf der Oberfläche mit trockenem Salz bestreut. Bei den schwedischen Versuchen mit hausgemachtem Grünschimmelkäse aus Schafmilch hat man den

Käse früher gesalzen, schon am anderen Lebenstag und dann am sechsten.

Nach dem Salzen wird der Käse punktiert, das bedeutet, daß man Löcher hineinsticht um dem Schimmelpilz Luft zu geben, die er zum Wachsen braucht. Stich mit einer Stricknadel oder einem Nagel. Ein Fünfzollnagel ist genau richtig, damit die Löcher offen bleiben und die Luftzufuhr nicht gebremst wird.

Dann wird der Käse bei 6 – 9 Grad verwahrt. Die Luft soll so feucht wie möglich sein. Die Grotten in Roquefort haben viele Vertiefungen, in denen sich das Regenwasser sammelt, wodurch die durchströmende Luft feuchtgehalten wird. Darin liegt unter anderem das Geheimnis des feinen Grünschimmelkäses, daß man die rechte Temperatur und hohe Luftfeuchtigkeit bei der Lagerung hat.

Ein Grünschimmelkäse ist nach 2 – 3 Monaten fertig. Verwahre ihn im Kühlschrank und iß ihn auf, ehe er zu alt wird.

Weißschimmelkäse

Der Camembertschimmel, Penicillium camemberti, wird für Käse mit weißem Schimmel verwendet. Man kauft ihn konzentriert (siehe Seite 36) oder nimmt den Schimmel von einem Camembert oder einem Briekäse. Weißschimmel wird auch Penicillium candidum genannt, was auf Latein »weißschimmernder Pinsel« bedeutet.

In der Vergrößerung gleicht der Schimmel einem Pinsel und hat darum den Namen »Pinselschimmel« bekommen. Davon gibt es nicht nur diese, sondern noch viele andere Arten. Versuche, es in der Küche so warm wie möglich zu haben, dann entwickelt sich der Schimmel besser, und die Molke setzt sich leichter ab. Säuere die Milch wie früher. Wenn man Stallmilch hat, kann man sie stattdessen über Nacht reifen lassen. Koagulierungstemperatur: 32 Grad. Zeit: in Frankreich läßt man die Milch 1 – 1 ½ Stunden koagulieren, in schwedischen Molkereien 2 – 3 Stunden. Wahrscheinlich hat man stärkeres Lab bei der kürzeren Gerinnungszeit. Die Masse wird ohne Unterbrechung geformt. Die Schimmelkultur kann beigemischt werden, indem man die Formen mit dem Schimmel ausreibt. Man kann den Käse auch mit der Schimmellösung pinseln, wenn er aus der Form genommen wird. Salze die Außenfläche durch Trocken- oder Lakesalzen während ungefähr 1 ½ Stunden oder gar nicht.

Ein cremiger guter Grünschimmelkäse ist fertig zum Genießen. Der weiße Käse ist frischer Ziegenkäse, dahinter liegt ein gelagerter Ziegenkäse, umgeben von zwei gelben Käsen aus Kuhmilch und einem Ziegenmolkenkäse, der aus Molke gekocht ist.

Die Lagerung soll in einem feuchten Raum vor sich gehen. Nach den ersten Tagen Aufenthalt in der Wärme soll der Käse 13 – 15 Grad haben. Wende oft. Bald sieht man den weißen Schimmel auf der Oberfläche. Nach 10 – 14 Tagen ist der Schimmel voll entwickelt und der Käse wird in Folie gewickelt und im Kühlschrank verwahrt, am kältest möglichen Platz.

Wenn der Käse bald gegessen werden soll, legt man ihn in Zimmertemperatur. Nach ungefähr einem Tag ist er weich und fertig zum Essen.

Gorgonzola

Kultur für Gorgonzola wird hergestellt von Christian Hansen's in Göteborg.

Ein zerdrücktes, gekauftes Stück Gorgonzola, verrührt mit ein wenig Molke, kann auch verwendet werden.

Der Käse hat seinen Ursprung in dem Dorf Gorgonzola in der Po-Ebene im Norden Italiens. Ein Gorgonzolakäse ist rötlich an der Oberfläche. Innendrin ist er weiß oder gelb und von Grünschimmel durchsetzt.

Stracchino di Gorgonzola ist der gesamte Name des Käses vom Anfang. Stracchino bedeutet müde und kommt davon, daß man den Käse aus Milch von Kühen machte, die im Herbst von den Alpenweiden in die Niederung gewandert kamen. Die Kühe waren natürlich müde von der Wanderung, und der Käse bekam den Namen »Müder von Gorgonzola«.

Für den Gorgonzola verwendet man Magermilch. Man fängt am Abend mit der halben Milchmenge an (mit Milch vom Abendmelken, wenn man nahe zu Kühen hat).

Laß mit etwas stärkerem Zusatz von Lab als normal gerinnen. Nach einer Viertelstunde wird unterbrochen und der Topf über Nacht stehengelassen.

Am anderen Tag nimmt man die Morgenmilch oder andere Milch und läßt auf dieselbe Weise gerinnen. Unterbrich nach einer Viertelstunde und laß die Masse eine Viertelstunde in einem Sieb abrinnen. Mische nun die kalte und die lauwarme Masse in Formen, mit der lauen Masse zuunterst und zuoberst. Füge gleichzeitig die Kultur hinzu. Laß die

Käse wie gewöhnlich stehen, wende sie und nimm sie aus den Formen wenn es geht. Das dauert bei Zimmertemperatur einige Tage. Salze von außen und lagere dann während 2 – 3 Monaten feucht bei 6 – 8 Grad.

Frischkäse wie »keso« (eine Art schwedischer Quark)

Cottage Cheese (ungefähr »Käse vom Land«) ist das Vorbild für den Frischkäse, den die schwedischen Molkereien »Keso« nennen. Zum Unterschied von Quark ist »Keso« nur unbedeutend gesäuert und hat darum einen viel milderen Geschmack – farblos finden manche. Auch die Konsistenz ist anders. Der Keso ist körnig und nicht besonders gut auf Brot zu schmieren, man muß die Käsemasse besser in Haufen auf das Butterbrot legen.

»Keso« wird meistens als Proteinbeilage zu Gemüse und Rohkost verwendet, oder in Gebäck und Brot gemischt. Hat man sich daran gewöhnt »Keso« zu essen, findet man es vielleicht seltsam, andere Frischkäse zum Essen zu verwenden. Es ist nicht so schwer, »Keso« selbst zu machen, aber es dauert etwas längere Zeit als gewöhnlichen Sauermilchkäse herzustellen.

Die Milch soll gereift werden, d.h. man säuert sie ein wenig. Das macht man entweder wie bei der anderen Käseherstellung, indem man am Tag vorher (siehe Seite 35) anfängt, oder wie hier beschrieben, am selben Tag. Säuert man wie folgt, wird der Säuregehalt niedriger.

Du brauchst: Magermilch, Lab, etwas »filmjölk« (Sauermilch), Salz und Sahne. Außerdem einige Stunden Zeit, sodaß Du während des Käsemachens ab und zu gehen kannst. In der Zwischenzeit kannst Du noch viele andere Dinge tun, da die einzelnen Handgriffe recht schnell erledigt sind. Wärme zuerst die Magermilch auf Zimmertemperatur und mische sie mit zimmerwarmer »filmjölk« (Dickmilch, Schwedenmilch), 1 Eßlöffel auf 3 Liter Milch oder 1 Teelöffel auf 2 Liter Milch. Laß es eine Stunde stehen oder länger, wenn das besser paßt.

Wärme alles wieder bis es knapp fingerwarm ist (ungefähr 30 Grad) und mische Lab, verrührt in Wasser, hinein. 1 Teelöffel Lab und 3 Teelöffel Wasser sind genau richtig für 3 Liter Milch. Laß es stehen, bis die Milch koaguliert. Das dauert beinahe eine Stunde.

In den Molkereien verwendet man bedeutend weniger Labzusatz,

104

stattdessen darf die Milch beinahe einen Tag lang stehen. Hier habe ich die Herstellungszeit verkürzt, aber wähle selbst die Alternative, die am besten paßt.

Brich die Käsemasse, das heißt, schneide sie in kleine Würfel und rühre einige Minuten. Wärme langsam bis 47 Grad während du umrührst. Fülle die Käsemasse in ein Sieb, das über einer Schale steht, damit die Molke ablaufen kann. Teile dann die Masse ab und zu mit den Fingern, damit sich keine Klumpen bilden.

Nach ungefähr einer Stunde ist die Käsemasse fertig dräniert. Das siehst Du daran, daß keine Molke mehr in die darunterliegende Schale rinnt. Zerkrümle die Masse wieder mit den Fingern und mische eine Messerspitze Salz darunter. Schmecke ab. Lege die Käsemasse in eine Dose und mische sie mit einigen Löffeln Sahne. Man kann natürlich Salz und Sahne ausschließen, aber dann wird der hausgemachte »Keso« dem Molkerei-»Keso« nicht so ähnlich. Die Molke kann man ausgezeichnet dazu verwenden um Molkenkäse zu kochen oder damit zu backen.

Eine schnelle Variation von »Keso« gibt es, wenn man die Nachwärmung überspringt (das Erwärmen auf 47 Grad). Da läßt man stattdessen die Masse eine Weile in der Molke liegen, rührt wieder und füllt dann ab zum Dränieren. Auch auf diese Art erhält man feinen »Keso«. Über die Verwendung von »Keso« kannst Du auf Seite 149 lesen.

Käsemus (Käsebrei) oder tjesmus oder kiessmus

Das Buchstabieren ist nicht so leicht, wenn es sich um ein gesprochenes und nicht oft geschriebenes Wort handelt. Aber durch die verschiedenen Formen kann man auf jeden Fall sehen wie das Wort ausgesprochen wird. Käsemus ist ganz einfach frische Käsemasse (Käsebruch), die genau so gegessen wird wie sie ist. Wenn die Käseherstellung gerade vor sich geht, nimmt man einen Teil des Käses auf, der sich nach dem Gerinnen und dem Umrühren gebildet hat. Lege alles auf einen Teller und iß es mit frischer Sahne oder »ein wenig guter Süßmilch«. Schau, das ist richtiges Sennhüttenessen.

Käs oder tjes ist ja dasselbe Wort wie das deutsche Käse und das englische cheese und bedeutet dasselbe: Käse. Ein anderer Name für die Käsemasse im Molkentopf ist Käsemus. Das ist also dasselbe wie

»käsmus«. Aber Käsmus oder »ostgöken« sind vor allem die Käsereste, die noch im Topf liegen, wenn schon das meiste der Käsemasse herausgenommen ist.

Mit den Fingern sammelt man die letzten Krümel zusammen, knetet sie zu einem kleinen Ball, und gibt diesen den Kindern.

Frischkäse auf dem Teller zubereitet

Dieses Gericht wird ungefähr wie Käsemus (Käsebruch), bei dem man die Milch direkt auf dem Teller gerinnen läßt, von dem der Frischkäse gegessen werden soll. Dieses Käsegericht aß man früher als Sonntagsfrühstück, schnell zubereitet und etwas feiner als gewöhnliche Grütze (Brei). Früher bereitete man sie von der warmen Milch, die nach dem Morgenmelken-Reinmachen vom Stall ins Haus kam. Das war ein Schnellgericht, da man die Milch nicht auf Gerinnungstemperatur zu wärmen brauchte.

Wir müssen die Milch stattdessen ein wenig in einem Topf anwärmen. Mische ein wenig Käselab hinein und laß alles im Teller stehen bis man am Rande etwas Molke sieht. Quirle das ganze ein wenig und gieße die meiste Molke ab. Serviere mit etwas Sahne oder Süßmilch und Zucker nach Geschmack.

Dieses Rezept ist aufgezeichnet nach der früheren Sennerin »Knall-Stina« in Bjuråker – oder wenn man sie lieber so nennen will, Stina Larsson von Knallen. Sie war 17 Sommer lang auf der Sennhütte.

Kaffeost = Kaffeekäse von Arvidsjaur

Von Lappland und wahrscheinlich vom Beginn der samischen Kultur kommt die Sitte, Käse in den Kaffee zu legen. Wenn die Renkühe, »vajorna«, gemolken wurden, goß man gewöhnliche Renmilch in einen Labmagen. Wenn die Milch zu Käse geworden war, verwendete man sie anstelle süßer Milch oder Sahne im Kaffee.

In den inneren Teilen von Norrbotten und Västerbotten und in Lappland serviert man immer noch Kaffeekäse als besonderen Leckerbissen zum Kaffeeschmaus auf dem Lande. Dabei stellt man auf den Kaffeetisch eine Schale mit Käsestücken, außer den üblichen Kuchen,

106

In der Käserinne im Vordergrund des Bildes liegt ein kleiner Käse, der aus Lab und Molkereimilch gemacht ist. Da die Oberfläche noch nicht getrocknet ist, ist der Käse noch weiß. Ein Glas Molkenbutter aus Kuhmilch, einen gelagerten Ziegenkäse, einen braunen Ziegenmolkekäse und einen Kuhmilchkäse mit gelblicher Oberfläche rahmen Käseformen von verschiedenen Zeiten ein: handgemachte Holzbutten, eine moderne Form aus glasfiberarmiertem Plastik und eine gewöhnliche Konservendose ohne Boden.

Körbe für die Herstellung von Kaffeekäse, den man in Stücke schneidet und in den Kaffee legt. Die Käse werden auf Teller gestülpt. Sie sind im Hintergrund zu sehen, mit einem dekorativen Muster von den Körben.

Keksen und Stückchen. Der Kaffee wird wie gewöhnlich mit Zucker und Sahne getrunken, von dem der es so gerne hat. Außerdem legt man einige Käsestücke in die Tasse. Wenn der Kaffee ausgetrunken ist, ißt man den Käse, der warm und zäh vom Kaffee geworden ist. »Eine Delikatesse« sagt Brita Grahn, die in Fjällbonäs außerhalb von Arvidsjaur wohnt. Sie verwendet traditionelle, aus Wurzeln geflochtene Käsekörbe, um die Käse zu formen und die Molke abrinnen zu lassen. So sieht ihr Rezept aus:

7 Liter ungerahmte Milch werden auf 37 Grad (fingerwarm) erwärmt. Hat man nur Ladenmilch, kann man sie mit etwas Sahne mischen, sodaß sie mehr der Kuhmilch gleicht. 1 Kompottlöffel Lab wird mit der Milch gemischt. Nach ungefähr 25 Minuten ist die Milch geronnen. Dann wärmt man sie leicht und rührt, damit sie sich von der Molke trennt. Sie darf nicht mehr als lauwarm werden. Danach nimmt man die Käsemasse mit einem durchlöcherten Schaumlöffel auf und legt sie in die Käsekörbe. Wer keinen Käsekorb hat, kann ein großes Sieb nehmen. Laß die Molke abrinnen und sammle sie in einer Schüssel, aber drücke nicht. Wenn es aufgehört hat zu rinnen, stülpt man den Käse auf eine Platte und schneidet ihn in Stücke, die man in den Kaffee legt.

109

Brita backt gewöhnlich Brot und Zwieback von der Molke. Sie findet, daß es besonders gut aufgeht, wenn man die süßliche Molke mit zum Backen verwendet.

Kaffeekäse von Kuoksu (Gebackener Käse als Einlage in Kaffee)

Ein ein wenig anderes, aber sehr altes Rezept für Kaffeekäse kommt aus der Gegend von Vitangi in der Gemeinde Kiruna. Der Unterschied besteht hier meist darin, daß der Käse erst im Ofen gebacken wird, ehe man ihn in den Kaffee legt. 8 – 10 Liter Milch (vom Stall oder mit Sahne gemischt) werden lauwarm angewärmt. Man mischt einen Eßlöffel Lab in die Milch und läßt sie eine Weile stehen und fest werden. Rühre ab und zu, während die Milch fester wird. Halte den Topf auf schwacher Wärme und drücke etwas auf die Käsemasse, während sich die Molke bildet. Stell den Ofen auf 250 Grad.

Lege einen umgedrehten Topfdeckel, der Ofenwärme verträgt, auf eine Pfanne und gib den Käse in den Deckel. Laß die Masse noch etwas ablaufen. Backe sie dann im Ofen. Die Molke wird nun von dem Käse in die Pfanne laufen. Drück mit einem durchlöcherten Schaumlöffel ab und zu auf den Käse, damit mehr Molke abgeht. Der Käse soll obenauf eine hellbraune Kruste bekommen, ungefähr wie ein Auflauf. Nach einer halben Stunde ist der Käse fertiggebacken.

Einige Kaffeekäsemacher wenden den Kuchen und backen ihn auch auf der anderen Seite.

Der Käse ist nun ungefähr zu einem Kuchen von 1 ½ Zentimetern Dicke zerflossen. Was sofort verwendet werden soll, wird in zuckerwürfelgroße Stücke geschnitten und in eine Schale gelegt. Den Rest kann man einfrieren. Ein Detail im Rezept kann erstaunenswert wirken, das ist die Verwendung eines Deckels als Form für den Käse. In einer gewöhnlichen Form mit Rand könnte der Käse sich nicht richtig ausbreiten und die Molke nicht abrinnen.

Es geht auch nicht, den Käse auf ein gewöhnliches Gitter zu legen, weil er sonst zwischen dem Gitterrost durchfallen würde. Ein Netz im Rahmen oder eine flache Platte mit Löchern wäre ideal, aber so etwas gibt es nicht, wenn man es nicht selber macht. Bis jemand etwas besseres erfindet, müssen wir uns mit einem umgedrehten Deckel begnügen.

110

Brotkäse von Österbotten

Österbotten ist die finnische Landschaft, die der bottnischen Bucht von der schwedischen Grenze im Norden bis ungefähr in die Höhe von Sundsvall auf der schwedischen Seite folgt. In Österbotten wohnen sowohl Finnlandschweden als auch Finnen – also Finnländer mit Schwedisch oder Finnisch als Muttersprache.

Der Brotkäse, der etwas dem lappländischen Kaffeekäse ähnelt, kommt von dem finnischen Österbotten. Auf finnländisch heißt er »Peräpojalainen Leipäjuusto (juusto ist natürlich Käse). Der Brotkäse wird oft beim Kaffeeschmaus in finnischen Familien serviert. Ähnliche gebackene Käse gibt es in Schweden unter dem Namen gebackener oder gebräunter Käse.

8 Liter Milch (eventuell mit Sahne, wenn es Ladenmilch ist) werden auf 37 Grad erwärmt, wenn sie nicht kuhwarm sind. Füge einen Eßlöffel Salz und einen Eßlöffel Lab hinzu und laß die Milch gerinnen. Rühre, sodaß die Molke sich von der steifwerdenden Masse trennt. Lege den Käse auf einen umgedrehten Deckel und drücke ihn vorsichtig mit einem Löffel platt. Der Käse soll aber weder geformt noch gepreßtwerden. Er soll ganz von alleine zu einem flachen Kuchen werden. Wenn die Molke vom Käse abgelaufen ist, wird er auf beiden Seiten im Ofen gebacken. Der Ofen soll so warm sein, daß der Käse außen geschmort wird. Er darf jedoch nicht durchgebacken werden, wie es der Fall ist, wenn man längere Zeit niedrige Wärme hat. Wenn man die Milch beim Käsen zu sehr erwärmt oder den Käse bäckt statt ihn zu schmoren (braten), wird der Brotkäse »knarrig«, d.h. er knirscht. Trotzdem passiert es recht oft, daß der Käse so zäh wird, wie es eigentlich nicht sein soll. In einer Helsingforsfamilie nannte man den Käse »Knirschkäse« – nicht so sehr anerkennend, wie man erraten kann.

Der Käse wird in Viertel geschnitten und fein aufgelegt auf einer Platte serviert.

Käsekuchen von Hälsingland

Bertil Bylin in Tomsjö, Hälsingland, melkt seine zehn Ziegen und zwei Kühe mit der Hand. Die Ziegenmilch wird zu Ziegenkäse und Molkenkäse, von der Kuhmilch aber macht er Käsekuchen, die er an die Lebensmittelgeschäfte der Gegend verkauft. Als ein Übergang zu

111

den variierenden Rezepten für Käsekuchen kann dieses hier gut passen.

Er ist zum Unterschied von den anderen Käsearten nur aus Milch und Lab gemacht und gleicht auf diese Weise dem Kaffeekäse und Brotkäse. Aber der Käsekuchen soll richtig hoch und fein sein. Bertil hat dieses Rezept von Tora Fredin in Tomsjö bekommen.

Käsekuchen ohne Eier erreicht eine Ahnung vom Leben auf der Sennhütte, wo man ihn früher »sållost« nannte (såll ist ein Sieb, durch das die Käsemasse abrinnen durfte, ehe sie gebacken wurde). Hühner gehören ja nicht zu den Tieren einer Sennhütte, und folglich gehören Eier auch nicht zum Lebensmittelvorrat.

10 Liter Milch werden auf 37 Grad erwärmt. 6 – 7 ml Molkereilab oder 2 Eßlöffel Lab aus dem Geschäft werden untergemischt und man läßt das ganze eine halbe Stunde stehen, bis es gerinnt. Halbiere die Menge, falls sie zu groß ist.

Schneide die Masse in dezimetergroße Stücke, aber rühre nicht. Nun darf der Topf mindestens eine Stunde kühl stehen, sodaß sich die Molke absetzt. Wenn der Topf kalt steht, kann man ihn auch längere Zeit stehen lassen, ohne daß es etwas ausmacht.

Fülle die Käsemasse dann in ein Sieb und laß sie abrinnen. Fülle sie nicht hin- und zurück, sonst wird die Käsemasse zäh wie Gummi. Gib die Masse direkt vom Topf ins Sieb. Nach mindestens einer halben Stunde kippt man die Masse in eine ungeschmierte Dreiliterform. Die Form soll so hoch gefüllt sein, daß die Molke während des Backens über den Rand der Form rinnen kann. Stelle die Form in eine Pfanne. Wenn die Molke über den Rand in die Pfanne läuft, wird der Käsekuchen nicht nur von oben gebacken, sondern auch von unten im Wasserbad gekocht. Wenn die Form zu groß ist oder wenn man zu wenig Masse hat, um sie bis obenhin zu füllen, kann man Wasser in die Pfanne gießen, sodaß trotzdem ein Wasserbad entsteht. Man muß dann das Wasser nach und nach aus der Form schöpfen, wenn es sich sammelt.

Backe 1 ½ Stunden bei 200 Grad, sodaß der Käsekuchen gelbbraun auf der Oberfläche wird. Es kann sein, daß der Kuchen früh Farbe bekommt, ohne durchgebacken zu sein. Diesem Problem kann man begegnen, indem man ein Backblech über den Käsekuchen im Ofen legt und dann das Blech nach der halben Zeit wegnimmt. In einigen

Rezepten wird der Rat gegeben, die braune Kruste abzuziehen und dann weiterzubacken, bis der Kuchen eine neue Kruste bekommt. Erst dann sollte der Kuchen durchgebacken sein. Aber wenn man es so macht, muß man ja einen Teil des Kuchens wegwerfen.

Vera, die Tochter von Tora Fredin, gibt folgende Tips über das Tiefgefrieren und Auftauen von Käsekuchen:

Wenn man den Käsekuchen nicht innerhalb von einigen Tagen essen will, hält er sich am besten in der Gefriertruhe. Wenn er gegessen werden soll, legt man ihn in eine Form, gießt etwas Milch oder Sahne darüber und stellt ihn bei 200 Grad in den Ofen. Wenn die Milch um den Käsekuchen kocht, ist der Kuchen durch und durch warm. Auf diese Weise bekommt man die Körnigkeit weg, die sonst das Resultat des Tiefgefrierens sein kann.

Nicht nur zwischen verschiedenen Landesteilen unterscheiden sich die Rezepte für Käsekuchen. Auch zwischen Gemeinden oder Dörfern in den Gemeinden kann man ganz verschiedene Traditionen haben. Das hängt am meisten davon ab, wie gut es den verschiedenen Höfen geht. In armen Dörfern bereitet man den Käsekuchen auf eine einfachere Art als in reichen Gegenden. So kostspielig wie der smaländische Käsekuchen sind die Variationen von Hälsingland nicht. Aber auch in Hälsingland kann der Kuchen mit Eiern gebacken werden, wie im folgenden Rezept.

Ein anderer Käsekuchen von Hälsingland

Etwas kostspieliger und kräftiger ist dieser Käsekuchen. Zum Unterschied von den anderen Käsekuchenrezepten ist dieser Käsekuchen genau richtig für eine Familie. Stina Larsson in Bjuråker macht gewöhnlich Käsekuchen auf zwei Arten, manchmal wie in Tora Fredins Rezept, und manchmal auf diese Weise: Wärme 4 Liter Milch und lege 4 – 5 Zuckerwürfel und einen Eßlöffel Lab hinein. Rühre sanft, sanft mit einem Holzquirl während die Milch gerinnt, bis es Molke gibt. Nimm den Quirl heraus und schüttle den Käse ab, der sich daran festgesetzt hat. Gieße die Molke ab, aber drücke nicht auf die Käsemasse, dann wird sie hart. Quirle genau 4 Eßlöffel Weizenmehl mit etwas kalter Milch und 2 Eiern. Mische dies mit der Käsemasse. Dann bäckt man den Käsekuchen in einer Form, die so groß ist, daß die Molke nicht über die Kante läuft. Die Wärme kann um 200 Grad sein. Es soll

113

so warm sein, daß die Molke schnell aufkocht. Wenn es lange dauert, wird der Käsekuchen zäh. Öffne ab und zu und schöpfe die Molke aus der Form. Aber nicht alle Molke soll abgeschöpft werden, da der Käsekuchen in der Molke kochen soll.

Man ißt den Käsekuchen warm oder kalt. Will man ihn vor dem Servieren wärmen, ist es gut, ihn in Scheiben zu schneiden und auf einen Kuchenteller zu legen, sodaß kleine Zwischenräume zwischen den Stücken entstehen. Gieße Sahne darüber, sodaß sie die Zwischenräume füllt. Zu warmem Käsekuchen ißt man Saftsoße, aber leichtgezuckertes Kompott oder Beeren schmecken ebenso gut. In diesem Käsekuchen gibt es keine Gewürze, und das war auch in Hälsingland nicht üblich. Etwas Zimt kann man darüberstreuen, wenn man will.

Echter småländischer Käsekuchen

Gerade der småländische Käsekuchen wird gewöhnlich als echt beschrieben. Von allen Käsekuchen ist der småländische der teuerste und an Zutaten reichste, das fordert natürlich dazu heraus, zu vereinfachen, wenn man nicht soviele Eier (wie auch immer) in einem Kuchen verwenden kann. So entsteht der Bedarf, die ärmeren Käsekuchen von den echten småländischen zu unterscheiden. Aber natürlich ist er nicht echter als die echten Käsekuchen der anderen Gegenden. Ein herrlich guter Käsekuchen, den auch der ungewohnte Käsekuchenesser in höchstem Grade genießbar finden muß, kommt von Kristdala, in der Nähe von Oskarshamn. Verglichen mit anderen Käsekuchenrezepten sind darin etwas weniger Zucker, Weizenmehl und Sahne enthalten, aber doch genügend um gefährlich gut zu werden. Ein richtiger Kuchen zum Schmalwerden ist das tatsächlich nicht: 10 Liter Milch werden auf 37 Grad erwärmt und der Topf vom Herd genommen. 7 Eßlöffel Weizenmehl werden mit ½ Liter Milch gemischt und die Mischung in die warme Milch gerührt. Rühre auch 3 Eßlöffel Lab hinein. Laß nun den Topf mit einem Deckel oder einem Handtuch überdeckt stehen während die Milch gerinnt. Rühre, sodaß die festwerdende Milch sich in kleine Stücke teilt, und laß den Topf wieder stehen, bis die Käsemasse sinkt und sich von der Molke trennt. Gieße die Molke ab, sobald sie sich bildet. Nach einer halben Stunde wird die Käsemasse gesiebt, sodaß noch mehr Molke verschwindet. 8 Eier werden mit 2 Eßlöffeln Weizenmehl, ½ Liter Sahne, 3 Deziliter

114

Zucker, 100 Gramm geschälten und gehackten Mandeln und 10 Bittermandeln verquirlt. Entferne den Rest der Molke, falls sich die Käsemasse noch mehr abgesetzt hat während dieser Zeit. Mische dann die Käsemasse und den Eierteig. Gieße die Mischung in eine eingefettete Form, die 3 – 4 Liter faßt. Der Käsekuchen wird eine Stunde bei 200 Grad gebacken.

Lege Folie darüber, falls der Käsekuchen am Ende zu dunkel wird.

Käsekuchen wurde oft als Reisekost zu verschiedenen Festen mitgeschickt. Zu einem Begräbnis nahmen die Gäste gewöhnlich Käsekuchen, Torten oder Buttergebackenes mit zu dem Hof, bei welchem die Beerdigung stattfand. 10 – 15 Käsekuchen auf einer Beerdigung waren nichts ungewöhnliches.

Wenn im Dorf ein Haus gebaut wurde, kam man von den Höfen, um beim Dachstuhl zu helfen. Für die Arbeitsgruppe hatten die Hilfsarbeiter Käsekuchen mit, und der Wirt, dem geholfen wurde, konnte seinen Dank beim Bau des nächsten Dachstuhls auf einem anderen Hof abstatten.

Ein altes Rezept aus dem westlichen Småland nennt 4 Deziliter Zucker und 400 Gramm Mehl. Die Stallmilch wurde am Abend hereingenommen und am nächsten Morgen entrahmt. Die Sahne fügte man hinzu, wenn die Käsemasse mit dem Eierteig gemischt wurde. Im Gesamten gesehen wird dann der Anteil an Sahne geringer, als wenn man erst Käse von nicht entrahmter Milch macht und dann noch mehr Sahne hinzufügt.

Ein festlicher Teil in den Aufzeichnungen sind die Mandelmengen: »Für 25 Pfennige Mandel, halb bitter, halb süß, geschält und gemahlen«. Dieses Rezept ist wahrscheinlich über 100 Jahre alt. Sollte man es gründlich befolgen, so ist der Unterschied zwischen den Käsekuchen von Jahrzehnt zu Jahrzehnt gar nicht so klein.

Dieser Kuchen wude in schwacher Wärme gebacken (am besten nicht mit Birkenholz sodern mit Fichtenholz), bis er nach zwei Stunden hoch, gleichmäßig und fein wurde.

»Vergiß nicht« . . . Zuletzt eine Erinnerung von Christina Valleria, die in ihrem Kochbuch aus dem 17. Jahrhundert schreibt: »Vergiß nicht, Kirschenblätter unter die Pfanne zu legen, denn das gibt guten Geschmack.« Sonst würzt sie ihren Käsekuchen mit Rosenwasser, Zimt und Zucker.

Faßkäse von Ångermanland

Ein ärmerer Verwandter vom Käsekuchen kommt von Ångerman-land. Im Faßkäse sind sowohl Milch, Lab und Eier, aber nicht ebenso-viele Eier wie im vorigen Rezept und gar keine Sahne. Auf diese Art ist der Faßkäse billiger zu essen als der teure Käsekuchen. Er ist auch leichter zu machen.

Gunnel Eriksson hat ein Rezept nach einem alten Modell gemacht, aber ihr Faßkäse ist nicht so gewaltig im Umfang. Ein ganz kleiner Satz ist das also, der Größe einer modernen schwedischen Familie angepaßt.

1,7 Liter Milch werden zusammen mit 2 – 3 Zimtstangen ungefähr 40 Minuten lang gekocht. Dann soll soviel Milch verdampft sein, daß nur noch ungefähr 8 Deziliter übrig sind. Laß die Milch abkühlen bis sie lauwarm ist. Rühre 2 Eßlöffel Sirup und ein Ei hinein. Fette eine ge-wöhnliche runde ofenfeste Form mit etwas Butter ein und gieße die Milchmischung hinein. Rühre dann 2 Eßlöffel Lab vorsichtig und sorgfältig darunter und laß die Form knapp fünf Minuten stehen, ehe sie in den Ofen kommt. Backe 40 Minuten bei 175 Grad.

Der Käse wird lauwarm mit Kompott oder vielleicht auch mit etwas Milch oder Sahnemilch serviert. Früher konnte man Faßkäse auch als Brotbelag verwenden. Er war gewöhnliches Sennhütten-Essen und konnte auch zu der Fahrtkost gehören, die Gäste mit auf eine Hoch-zeit nahmen. Kardamom und Rosinen sind übliche Gewürze zu Faß-käse.

Bohusländischer Eierkäse

Der Eierkäse enthält Milch und Eier, die zusammen gerinnen, aber er ähnelt nicht im geringsten dem Käsekuchen. Der Eierkäse wird mit Säure zum Gerinnen gebracht, oder um genauer zu sein: er wird ge-säuert und gleicht mehr dem Frischkäse. Die Säure bekommt man von »filmjölk« (Sauermilch), saurer Sahne, Buttermilch oder gewöhnlicher Sahne, die man stehen gelassen hat, bis sie sauer ist. In einem Rezept hat man sogar Essig zum Säuern verwendet.

Um den Eierkäse zu machen, braucht man eine besondere Eierkäse-form, wie man sie in Bohuslän und den angrenzenden Landstrichen verwendet.

116

Der Osterkäse ruht auf einem Bett aus gelbem Stroh, wenn er im Ofen gebacken wird. Rezept auf Seite 119.

Das ist eine Blechform mit kleinen Löchern im Boden, von denen die Molke abrinnen kann. Man kann die Form im Eisenwarenhandel in Göteborg oder Bohuslän kaufen. Es werden zwei Größen hergestellt, und die größte paßt zu dem folgenden Rezept. Die kleinere ist richtig für die halbe Menge. (Siehe Foto Seite 83)
Eierkäse ist ein selbstverständliches Festgericht in Bohuslän, man ißt ihn als Nachspeise oder zum Heringstisch das ganze Jahr über.
Wenn man keine Eierkäseform hat, geht es auch mit einem etwas größeren gewöhnlichen Sieb.
Zum Eierkäse braucht man einen Topf, der 5 Liter faßt.
Quirle 6 – 7 Eier im Topf. Gieße 3 Liter Milch und ½ Liter Sauermilch oder saure Sahne dazu und rühre um. Stell alles auf die Kochplatte, zunächst auf höchste Stufe. Rühre immerzu mit einem Holzlöffel und senke die Wärme bald etwas. Wenn die Temperatur ungefähr auf 90 Grad ist, gerinnt die Masse. Sie darf nicht kochen. Zieh den Topf auf die Seite und laß ihn mit einem Deckel ungefähr 10 Minuten stehen. Fülle dann die Masse in die Eierkäseform, die auf etwas steht, das die Molke aufsammelt (ein Tablett mit hohen Kanten oder einer Pfanne).
Der Eierkäse wird mit Brombeermarmelade oder Kompott serviert, wenn man das hat. Andere Marmelade oder frische bzw. gefrorene Beeren schmecken auch gut dazu.

Osterkäse ist auch ein Eierkäse

Vom östlichen Finnland kommt ein Eierkäse, der dem von Bohusland ähnelt, aber doch nicht richtig derselbe ist. Er ist üblich in den Küstengebieten östlich von Helsingfors. Er enthält weniger Eier, weniger Zucker und extra Salz. 5 Liter Milch werden aufgekocht und 13 Deziliter »filmjölk« (Sauermilch), gemischt mit zwei Eiern, hineingerührt. Der Topf soll mit einem Deckel bedeckt auf einem Schneidebrett stehen, bis sich der Käse von der Molke getrennt hat. Dann füllt man die Masse vorsichtig mit einem Schaumlöffel in eine gewöhnliche Käseform oder in ein Sieb. Die Käsemasse wird mit einem Teelöffel Zucker und etwas Salz gemischt. Falte ein Tuch um den Käse und lege ein Gewicht darauf. Nach ein paar Stunden wird der Käse umgestülpt. Dann kann man ihn, wenn man will, braten. Er wird auf einem gefetteten Blech oder auf sauberen Strohhalmen in den heißen Ofen gelegt, sodaß der Käse schnell eine hellbraune Oberfläche bekommt. Siehe Farbfoto auf Seite 119.

Molkenkäse und Molkenbutter

Käse, der aus Molke gemacht wird, nennt man Molkenkäse. Molkenbutter ist im Prinzip dieselbe Sache, hat aber einen etwas höheren Wassergehalt. Die Molkenkäse sind typisch für schwedische und norwegische Tradition. Innerhalb Schwedens ißt man den meisten Molkenkäse in Norrland. In der Schweiz und im südlichen Westdeutschland hat man auf Höfen und in kleinen Molkereien auch Molkenprodukte hergestellt.

Abdunstung nennt man den Herstellungsprozeß in der Molkerei. Die Molke wird gewärmt, bis das meiste Wasser in Form von Dampf abgedunstet ist. Im Topf hat man dann Milchzucker, Albumin (eine Art Eiweiß), Zitronensäure, Fett und Salze. Molkenkäse ist magerer, aber kalorienreicher Käse, da er den größten Teil Milchzucker enthält. Wenn gewöhnlicher Zucker, Butter und Milch in den Molkenkäse gemischt werden, ist natürlich das Resultat noch reicher an Kohlenhydraten und Fetten.

Die Molke wird im allgemeinen als ein Nebenprodukt betrachtet. Ein unerwünschter Rest, der übrigbleibt, wenn man Käse gemacht hat. Aber wenn Du Labkäse aus süßer Milch gemacht hast und dann Molkenbutter aus der Molke kochst, wirst Du es schnell genug lernen, die Molke zu schätzen. Molkenbutter aus Kuhmilchmolke hat einen milden guten Geschmack und bekommt eine sahnige, streichfähige Konsistenz, wenn sie lange genug gekocht wird. Viele finden, daß der Molkenkäse besser als der Käse ist.

Die Molke – das Sorgenkind der Molkereien

Früher hat man die Molke immer sorgfältig verwendet. Ein Nahrungsmittel, das sowohl für Menschen als auch Tiere anwendbar war, konnte man aus Sparsamkeitsgründen wirklich nicht wegwerfen.

Nunmehr geht es uns so gut, daß man die Molke in die See pumpt, oder in große Gruben im Boden schüttet. Das Essen wird weggeworfen und anstatt zur menschlichen Ernährung verwendet zu werden, verschmutzt es das Grundwasser. Daß die Käseherstellung auf einige wenige Molkereien konzentriert ist, anstatt sie auf viele im ganzen

Land zu verteilen, macht man den Ausstoß der Molke zu einem noch größeren Umweltproblem. Die Herstellung von Molkenkäse und Molkenbutter ist mit wenigen Ausnahmen nach Östersund verlegt worden. Alle anderen Molkereien müssen sich also mit Ihrer Molke auf andere Weise behelfen.

An einigen Plätzen verwendet man die Molke als Tierfutter. Das Molkenpulver kann in anderes Futter gemischt werden, oder sonst trinken die Schweine die Molke genau so wie sie ist. Aber tausende von Tonnen Molke werden jährlich weggeschüttet. Man kann gerne ausrufen, daß es eine gigantische Verschwendung ist, die Molke statt zu Menschennahrung zu einer Umweltgefahr werden zu lassen. Der eigentliche Grund ist, daß die Molkenprodukte nicht zu verkaufen sind. Die meisten Molkenkäseliebhaber wohnen im Norden Schwedens. Da lernen die Kinder von Anfang an, Molkenkäse zu essen. Im Süden Schwedens gibt es keine ebenso starke Molkenkäse-Tradition und mann kann ja die Leute nicht zwingen, Molkenprodukte zu kaufen und zu essen. Aber vielleicht könnte Information die Konsumenten beeinflussen?

Leider ist es nicht nur eine gute Tat für die Umwelt, wenn man Molkenbutter oder Molkenkäse kauft, der in der Molkerei hergestellt ist. Um die Molke industriemäßig kochen zu können, werden eine Menge verschiedene Zusätze beigemischt, die eigentlich überhaupt nicht als menschliche Nahrung geeignet sind.

Tenside von derselben Art, wie man sie in Waschmitteln findet, werden als Anti-Schaummittel beigemischt. 30-prozentige Natronlauge wird beigemischt, um dem Säuregehalt der Molke, die vom Käse kommt, entgegenzuwirken. Manchmal passiert es, daß Molke mit Salpeter zu Molkenkäse gekocht wird und daß Sahne und Butter, die hineingemischt werden, von schlechterer Qualität sind, als man wünschen sollte.

Bergmolkenbutter heißt jene Molkenbutter, welche die wenigsten Zusätze enthält. Ungezuckerte Naturmolkenbutter enthält die meisten Konservierungsmittel und es gibt Molkenbutter mit künstlichem Zucker (Sorbitol). Die Zusätze sind aus zwei Gründen notwendig:

1. Die Herstellung geschieht an einem einzigen Platz im Lande und die Ware muß konserviert werden, damit sie in alle Teile Schwedens transportiert werden kann.

121

2. Dadurch, daß die Molke auf alle möglichen Arten industriemäßig behandelt wird, o h n e sie zu kochen, muß man den Brei durch Zusätze den rechten Geschmack und die Konsistenz geben.

Der Molkenkäse der Industrie ist eine Konserve, die sehr lange gelagert werden kann. Auf den Dosen steht »Frischware«, obwohl sie dem Stempel zufolge 5 Monate lang halten. In den Geschäften kann man bis zu 10 Monate alten Molkenkäse finden.

Hausgemachter Molkenkäse ist eine Frischware. Auf Höfen in Schweden, wo man Ziegen hält, kocht man die Molke zu Molkenkäse ohne irgendwelche Zusätze. Dieser reine Molkenkäse wird dann in Geschäften als besonders exklusiver Käse für Feinschmecker verkauft. Es geht also, Molkenkäse ohne Chemikalien zu machen. Ebensogut in unserer wie in alter Zeit. Es dauert eine Weile, aber es ist nicht schwer.

Wenn es möglich ist, sollte man vielleicht zwischen billiger Industrienahrung mit unzähligen Zusätzen und teuren Nahrungsmitteln o h n e Zusätzen wählen. Wir sollten den Preis bezahlen können, um Nahrungsmittel von guter Qualität zu bekommen.

Das Kochen von Molkenkäse in alten Zeiten

Auf den Sennhütten wurde Molkenkäse jeden Tag gekocht. Sobald man die Käsemasse aus dem Topf genommen hatte wurde der Topf wieder aufs Feuer gesetzt um darauf viele Stunden zu stehen und zu kochen – manchmal auch am nächsten Tag. Das Käsekochen ging in den verschiedenen Gegenden etwas verschieden zu. Einige kochten nicht länger, als bis der Molkenkäse streichfähig war. Andere kochten den Brei so lange, bis er so dick wurde, daß er steif war, wenn der Molkenkäse abgekühlt und geformt war.

»Sönning« nannte man die Molke, die man aufnahm, während sie noch so flüssig war, daß sich eine Haut auf der Oberfläche bildete, wenn der Molkenkäse abkühlte.

Molkenkäse hieß es, wenn »sönningen« eine längere Zeit gekocht hatte. Nach noch längerer Zeit wurde der Käse probiert, indem man einen Löffel der Masse nahm und ihn auf die kochende Molke goß. Der Löffel wurde so bewegt, daß die Masse in einem Ring tropfte. Wenn der Ring nicht sank und sich also nicht mit der Molke mischte, war alles fertiggekocht. Die Molke wurde mit einem Löffel oder Quirl

122

bearbeitet, bis sie abgekühlt war, und dann in eine Molkenkäseform geleert. Man konnte die Form auseinandernehmen, ehe der Käse ganz fest geworden war.

Im nördlichen Hälsingland machte man diese Molkenkäse nicht aus der täglichen Molke. Aus der Molke des Tages wurde ein weicher Käse gekocht. Dann sammelte man alle 14 Tage diese Käse, um einen härteren Käse zu machen. Es dauerte 3 – 4 Stunden, die kleinen Käse zu einem großen zusammenzukochen. Die ganze Zeit über mußte gerührt werden, damit nichts anbrannte. Oft halfen die Sennerinnen einander, wenn es Zeit war für das arbeitsaufwendige Zusammenkochen. Dann konnte man abwechselnd am offenen Herd stehen und in dem 50-Liter-Kessel rühren. Das gab richtig große Käse von 7 – 8 Kilogramm, manchmal sogar bis hinauf zu 10 Kilogramm.

Damit der Molkenkäse haltbar wurde, sodaß man ihn den ganzen Winter verwenden konnte, mußte er trocknen. Er lag auf dem Regal und wurde so oft umgedreht, bis er ganz trocken war. Wenn der Käse gegessen werde sollte, schnitt man mit einem Messer ab soviel man brauchte, und mischte es mit Milch zu einer streichfähigen Masse. »Sannost« wurde der trockene Molkenkäse genannt, wenn er nicht aufgeweicht wurde. Er wurde stattdessen gerieben und die Krümel auf das Brot gestreut. In Stücke gehackt, wurde der »sannost« ein billiger Zuckerersatz für den Kaffee. Sogar zum Trinken konnte der Molkenkäse verwendet werden. Wenn er mit Wasser gemischt wurde, löste sich der Käse auf, und dann trank man die Mischung statt Milch oder hatte sie als Beigabe im Grützenteller, wenn man richtig arm war.

An vielen Orten wurde die Molke oder der fertige Molkenkäse in Wecken oder Brot gemischt. Molkenkäsekuchen ist ein frischgebackener Käsekuchen, der mit Butter und Molkenbutter bestrichen und noch einmal gebacken wird, bis die Molke anfängt zu brodeln.

Meistens wurde nur die Molke verwendet, die nach Süßmilchkäse oder Magermilchkäse übrig blieb. Saure Käse hinterlassen eine saure Molke, und der saure Geschmack ist sehr stark, wenn die Molke bis auf beinahe nur den Milchzucker zusammengekocht ist. Aber in armen Gegenden mußte man alles verwenden, was eßbar war. Um den sauren Geschmack zu mildern, verwendete man Gewürze wie Kümmel, Ingwer oder Nelken.

Viele Zusätze waren üblich: um den Molkenkäse nicht so lange kochen zu müssen, bis er dick war, konnte man manchmal Gerstenmehl oder Reiskörner beimischen. In einem norwegischen Rezept für Molkenbutter steht, daß die Molke kochen soll, bis sie eine hellbraune Farbe aufweist. Dann mischt man Sirup, Zucker und Mehl hinein bis es eine dicke Grütze wird. Das nennt man »innkok« oder »prim«. Gudbjörg Stensrud in Valdres, Norwegen, erinnert sich, wie es war, wenn ihre Großmutter auf der Sennerei Käse machte. Über den »primkäse« oder Braunkäse berichtet sie, daß sowohl Sahne, Butter und Zucker hereingemischt wurde. Das Zeichen, daß der Käse fertig war, gleicht dem schwedischen »Löffeltrick«. Mit dem Löffel zeichnete man ein Kreuz in den Topf und wenn das stehen blieb und die Masse nicht zusammenlief, war »mysen« fertiggekocht. »Myse« ist das norwegische Wort für Molke und natürlich dasselbe Wort wie das schwedische »mese«. Nachdem der Käse im »primstokken« (einer länglichen vierkantigen Holzform) geformt war, durfte er einen Monat stehen, bis er fertig zum Essen war.

»Aber ich will meinen, daß es ein großes Fest für uns Kinder war, wenn wir den Topf schrappen durften, sobald der Käse herausgekommen war, aber du liebe Zeit, was wir für einen Durchfall bekamen, wenn wir zuviel aßen.«

Sie hat damit ganz recht. In allzu großen Mengen sind der Molkenkäse und die Molkenbutter stark abführend.

So machen wir Molkenkäse heutzutage

Wir machen es wie die Sennerin. Der Unterschied ist nicht so groß: wir wählen einen Topf mit dickem Boden anstelle des Kupferkessels und stellen den Topf auf den elektrischen Herd (auf jeden Fall die meisten von uns), statt den Kessel über brennendem Birkenholz aufzuhängen.

Es geht am schnellsten, wenn die Molke in einem weiten Topf kochen darf. Je größer die Abdunstungsfläche ist, desto schneller geht das Verdunsten. Am Anfang des Kochens ist es nicht so wichtig daß der Topf einen dicken Boden hat. Wenn es nur einen kleineren dieser Art im Haushalt gibt, kann man am Ende des Kochens die Molke da hineingießen. Am Ende wird der dicke Topfboden darum gebraucht, weil das Risiko, daß die Masse anbrennt, ansonsten größer ist.

Das Kochen der Molke dauert viele Stunden. Wenn man am Vormittag 8 Liter Molke hat, kann man damit rechnen, daß das Kochen nicht

124

Die Molke wird zu Käse gekocht. Das dauert viele Stunden, bis alle Flüssigkeit verdunstet ist. Die Käsemasse, die während des Kochens an die Oberfläche steigt, kann man abschäumen und am Ende wieder zurück in den Topf legen.

vor dem Nachmittag beendet ist. Es hat also keinen Sinn am Abend zu starten. Dagegen kann der Topf mit der Molke gut bis zum nächsten Tag stehen. Dann sollte man sie erst aufkochen und eine Weile kochen lassen, damit die Molke pasteurisiert ist. Stelle den Topf dann in kaltes Wasser, damit die Molke abkühlt, und bewahre während der Nacht alles kalt auf. Zwei Zeitpunkte sind beim Molkekochen besonders empfindlich. Das ist ganz am Anfang und am Ende, wenn die Masse anbrennen kann. Wenn die Molke aufkocht, kann sie leicht überkochen. Bewache sie genau, bis sie sich beruhigt hat. Nach einer Weile hört es auf zu schäumen und die Masse kann brodeln oder sieden. Es ist nicht so peinlich genau wie man kocht, die Hauptsache ist, daß man Dampf aus dem Topf aufsteigen sieht. Wenn man auf starker Hitze kocht, geht das Verdampfen natürlich schneller, aber man muß auch eine gute Ventilation in der Küche haben, damit der Dampf ungehindert abziehen kann. Man braucht nicht dauernd in der Küche zu sein und alles zu bewachen, nicht bevor das Kochen nahezu abgeschlossen ist.

Wenn man mit etwas anderem beschäftigt ist, ist es gut, die Masse nicht so heftig kochen zu lassen.

Genau wenn die Molke aufkocht, bildet sich eine weißgefärbte schäumende Käsemasse auf der Oberfläche. Das ist Albumin, ein Eiweiß, das sich beim Kochen absetzt. Nach einer kleinen Weile wird noch mehr Albumin in Form von festerem Schaum ausgefällt. Dieser süße gute Schaum wird »vitmesse« (in etwa Weißmolke) genannt.

Oft schöpft man diesen ab und bewahrt ihn in einer Schale auf, um ihn dann der fertiggekochten Molke wieder hinzuzufügen. Das Risiko des Anbrennens ist kleiner wenn das Albumin nicht mitkocht, und es wird dann auch nicht durch unnötiges Kochen zerstört. Wenn man dann die »vitmesse« hinzufügt bekommt die Molkenbutter eine hellere Farbe als wenn alles zusammen gekocht wird.

Falls man wenig Zeit hat, kann man die »vitmesse« die ganze Zeit mitkochen lassen. Es wird trotzdem eine gute Molkenbutter. Das Risiko des Anbrennens ist bedeutend kleiner, wenn man genau in dem Augenblick, wenn die »vitmesse« zu Beginn des Kochens ausgefällt wird, kräftig mit einem Quirl schlägt.

Manchmal spart man die »vitmesse« ganz und verwendet sie, um davon »pank« zu kochen (ein süßes Käsegericht, das auf Seite 131 beschrieben wird).

Man kann die »vitmesse« auch wie sie ist auf dem Butterbrot essen. Ein anderer Ausdruck aus Hälsingland für diese Käsemasse ist »pankhugge«.

Am Ende des Kochens muß man mehr und mehr rühren und darf die Küche nicht mehr so oft verlassen. Wenn die Molke wie ein dünner Brei ist, wird die abgeschäumte »vitmesse« hinzugefügt, falls man sie nicht mitgekocht hat. Rühre sorgfältig und senke die Wärme. Will man prüfen ob die Konsistenz richtig ist, kann man einen Löffel voll in einen rostfreien Meßbecher füllen und unter Umrühren in kaltem Wasser abkühlen. Da muß man etwas experimentieren. Will man eine weiche streichfähige Molkenbutter haben, dann wird das Kochen früher unterbrochen. Einen härteren Molkenkäse, der in Scheiben zu schneiden geht, bekommt man, wenn man ihn zu einer richtigen dicken, mächtigen Grütze kocht. Denke daran, daß die Masse fest wird wenn sie abkühlt.

Wenn man den Topf vom Herd nimmt, stellt man ihn in kaltes Wasser ins Spülbecken. Bearbeite den Teig mit einem Löffel während er

126

abkühlt, rühre solange, bis die Masse ganz kalt ist. Wenn man das versäumt, bildet der Milchzucker Kristalle und der Käse schmeckt wie Sand im Mund.

Die Molkenbutter wird in ein Glas gefüllt. Schraube einen Deckel drauf und stelle alles in den Kühlschrank. Die Molkenmasse von 10 Liter Milch hat gewöhnlich Platz in einem größeren Honigglas. Wenn man weiche Labkäse gemacht hat, bleibt weniger Molke übrig. Von 3 Liter Molke bekommt man Molkenbutter für das kleinste Honigglasmodell.

Wenn daraus Molkenkäse werden soll, ist es nicht angebracht, die Masse in ein Glas zu füllen das nach oben hin schmäler wird. Eine langschmale Plastikdose, in der der Molkenkäse die Form eines Laibes bekommt, paßt gut. Wenn man oft Molkenkäse macht, sollte man überlegen, ob es sich lohnt, einen Holzrahmen zum Formen des Käses zu schreinern. Wenn man die Form auseinandernehmen kann, wenn der Käse fertig ist, wird er besonders fein. Sonst schlägt man den Käse vorsichtig gegen ein Holzbrett, damit er sich von den Seiten der Form löst.

In Rezepten für den norwegischen »primost« wird der Rat gegeben, auch für den Molkenkäse ein Käsetuch anzuwenden. Dann ist es natürlich leicht, ihn fein und ganz aus der festen Form zu bekommen.

Mit einem nassen Messer kann man den Käse so bearbeiten, daß er glatte und gleichmäßige feine Kanten bekommt. Nun ist der Käse ganz fertig. Er kann in Plastik-, bzw. kleinere Käse in Schraubdeckeldosen, im Kühlschrank aufbewahrt werden.

Molkenkäse und Molkenbutter sind Frischwaren, die nicht allzulange gelagert werden sollten. Aber es geht gut, sie einzufrieren.

Wenn der Käse aufgrund zu langer Lagerung schlecht wird, merkt man das deutlich am Geschmack. Man sieht auch, daß der Käse schimmelt, es besteht also keine Gefahr, gesundheitsschädlichen Molkenkäse zu essen.

Molkenkäse kann man aus Molke von allen möglichen Tierarten herstellen. Ziegenmolkenkäse hat einen charakteristischen starken Geschmack. Etwas von diesem Geschmack kann man erreichen, wenn man die Molke von Kuhmilch kocht und dann ein wenig Ziegenmilch in die Molke mischt. Es ist also nicht notwendig, Molke von Ziegenmilch zu haben, sondern es genügt auch ein Zusatz von gewöhnlicher süßer Ziegenmilch. Reiner Ziegenmilchmolkenkäse ist dagegen aus Ziegenmolke gekocht.

127

Kniffe für angebrannte Töpfe

Wenn der Topf gespült werden soll, stellt man ihn mit etwas Wasser am Boden auf den Herd. Lege den Deckel darauf. Wenn das Wasser kocht, entsteht Dampf im Topf und die zurückgebliebenen Ränder nach dem Käsekochen werden weich. Der Dampf löst alles Eingetrocknete richtig auf, und dann ist es leicht, den Topf mit einer Bürste sauberzumachen.

Ganz gewiß wird der Topf mit dem Molkenkäse eines Tages anbrennen. Es ist gut, darauf vorbereitet zu sein. Besonders wenn Du einen Topf mit dünnem Boden, der nicht ganz eben ist, verwendest. Einmal bist Du vielleicht gezwungen, davonzuspringen, und genau dann wird die Molke so dick, daß sie schnell anhängt.

Auch wenn es nur die Molke direkt am Boden ist, die schwarz wird, verbreitet sich der starke üble Geschmack über die gesamte Molke, sodaß die ganze Kocherei angebrannt schmeckt.

Man kann natürlich den vorsichtig abgeschöpften Rest trotzdem essen, besonders wenn man sich einbildet, daß der angebrannte Geschmack ein pikantes Gewürz ist.

Brautmolkenkäse ist eine alte Bezeichnung für angebrannten Molkenkäse. Wenn die Sennerin am Herd steht und an ihren Bräutigam denkt, wird das Resultat leicht Brautmolkenkäse.

Laß den Topf erst abkühlen. Laß ihn mit dem warmen Wasser darin stehen und bürste dann mit der Spülbürste alles heraus, was sich gelöst hat. Stelle den Topf dann wieder auf den Herd, wärme ihn vorsichtig und habe einen Teigschrapper aus Metall zur Hand. Wenn Du Glück hast, löst sich nach einer Weile der ganze angebrannte Kuchen am Boden und man kann ihn mit dem Schrapper abkratzen. Falls notwendig, wiederhole die Behandlung.

Ein Zuckerstück ist ein gutes Kratzwerkzeug, schonender für den Topfboden als Stahlwolle oder ein hartes Putzmittel. Feuchte den Boden des Topfes an, aber halte den Topf etwas schräg, damit das Wasser auf eine Seite läuft. Kratze mit dem Zuckerwürfel – aber nicht aus Kristallzucker, weil der sich zu schnell auflöst.

128

Probiere Rührkäse – das ist gut. Die Zutaten sind Milch und Lab. Die Käsemasse darf in der Molke kochen, bis alles hellbraun ist. Ein wenig Sahne mit etwas Mehl, eine Fingerspitze Zimt und eine Fingerspitze Kardamom und der Rührkäse ist fertig.

»Pank«, »Röhrost« (Rührkäse), »Sötost« (Süßkäse), »Gubbost«

(Ein »gubbe« ist auf schwedisch ein alter Mann) und »Gubbost« ist eine Nachspeise in Hälsingland.

Zahlreich sind die Namen und ebenso zahlreich die Variationen – es handelt sich um ein süßes Gericht mit alten Ahnen. Typisch für Hälsingland sagt man in Hälsingland. Typisch für Medelpad sagt man dort. Typisch für ganz Lappland, Dalarna, Värmland und Västmanland ist das auch.

Findet man, daß man satt ist, bekommt man gleich darauf Süßkäse serviert, eine alte Nachspeise aus Småland.

Die Namen und Rezepte unterscheiden sich von einer Gegend zur anderen, aber gemeinsam für alle ist, daß das Gericht alt genug ist, um eine kulturhistorische Seltenheit zu sein, die nur von einigen Bewahrern der Tradition zubereitet wird.

Trotzdem ist es gar nicht schwer, »pank« oder eine der anderen Variationen zuzubereiten.

Alle werden so gemacht, daß man der Süßmilch Lab beimischt und sie fest werden läßt. Aber wenn das Koagulum verquirlt oder verrührt ist, nimmt man den Käse nicht auf, sondern läßt ihn eine lange Weile mit der Molke kochen. Durch das Kochen wird die Molke konzentriert

129

und alles bekommt einen süßen Geschmack. Mit etwas Mehl und Sahne macht man das Gericht fester und würzt auf verschiedene Weise.

Das ißt man kalt oder lauwarm zu Feiertagen wie Weihnachten und Ostern, als Nachspeise oder auf dem »smörgåsbord« (Smörgåsbord ist eine lange schwedische Tafel (kaltes Buffett), auf der unzählige kalte und warme Gerichte serviert werden. Jeder nimmt sich einen Teller und wählt von der Tafel was ihm am besten schmeckt. Auch Gaststätten haben Smörgåsbord.), wenn auch immer es besonders festlich sein soll.

Süßkäse »Sötost«

Wenn wir im Norden beginnen, heißt das Gericht »sötost«. Wärme die süße Milch auf 35 Grad und mische das Lab hinein wie zu Käse. Die süße Milch kann auch mit Buttermilch oder Sauermilch gesäuert werden. In diesem Fall wird sie erst aufgekocht, genau wie für Frischkäse, und dann mischt man die Sauermilch hinein. Laß es stehen, bis man die Molke an den Rändern sieht. Rühre, damit das Koagulum unterbrochen wird. Füge eine Mischung aus Weizenmehl und Milch hinzu. Laß alles recht lange kochen, bis ein Teil der Molke verdampft und das Ganze gelb gefärbt ist. Dann ißt man es auf einem Teller mit Sahne, Zimt und Zucker. Anis ist ein anderes, etwas ungewöhnliches Gewürz.

Rührkäse »Rörost«

Von Medelpad und den umliegenden Dörfern kommt der Rührkäse. Zu einem kleinen Satz für 4 Personen kann man 2 Liter Milch nehmen, die man lauwarm mit 1 Teelöffel Lab gerinnen läßt. Quirle die Masse und koche alles auf. Jetzt darf der Käse in der Molke kochen bis er ganz braun wird. Zum Schluß gibt man eine Mischung von Sahne und Weizenmehl dazu. Versuche es mit 2 Eßlöffeln Sahne und 1 Teelöffel Weizenmehl.

Wenn man will, kann man von Anfang an eine Zimtstange mitkochen. Nach einer anderen Tradition wird der Rührkäse ganz ohne abzurühren (Sahne und Weizenmehl) gekocht.

130

»Pank«

Von Medelpad und Hälsingland kommt auch das Rezept für »Pank«. Manchmal nennt man das fälschlicherweise Rührkäse. Farbe und Abrührung unterscheiden die beiden. »Panken« soll nicht ebenso braun wie der Rührkäse werden und braucht darum mehr Abrührung, um fest zu werden. Es gibt also mehr Soße um die Käsekörner, wenn man »Pank« zubereitet. Wärme die Milch, mische das Lab hinein und lasse gerinnen wie früher. Wenn man rührt und wärmt, nimmt man gleichzeitig etwas von der Molke weg, die sich bildet, und füllt stattdessen mit Milch auf. Eine Zimtstange und ganzes oder gemahlenes Kardamom darf mitkochen. Koche bis alles gelb wird und mische dann in Sahne oder Milch abgerührtes Weizenmehl hinein. Füge eventuell etwas mehr Sahne als Gewürze hinzu.

Eine Variation ist, daß man nicht sofort Molke abschöpft, sondern alles zuerst eine Stunde unter Deckel kochen läßt. Erst danach tauscht man einen Teil der Molke gegen Milch aus.

Im Trakt von Ljusdal hat man manchmal Reis im »Pank« mitgekocht, damit er stättigender werden sollte.

»Panken« von Bjuråker war etwas einfacher. Wenn der Käse in der Molke gekocht hatte, goß man einen Teil der Molke ab, ohne sie durch Milch zu ersetzen. Abrühren und würzen wie bei anderem »Pank«.

Obwohl »Pank« recht süß schmeckt, hat man trotzdem extra Zucker und etwas Salz zugefügt. Das ist gar nicht notwendig, sollte aber erwähnt werden, um das Bild zu vervollständigen.

Süßkäse von Småland

Die letzte und südlichste Variation: 4 – 5 Liter Milch werden erwärmt und ein paar Löffel Weizenmehl darin verquirlt. Dann darf alles stehen, bis es zu Käsemasse geworden ist. Brich, d.h. schneide mit dem Messer, wie man es beim Käsebereiten macht, und laß alles eine Weile stehen. Koche dann schnell auf und laß es eine Weile ordentlich kochen, während Du quirlst. Danach soll es auf schwacher Wärme kochen. Rühre ab und zu um.

(Nach einem alten Rezept legte man eine Mark in den Topf, damit nichts anbrennen sollte). Laß es kochen, bis die Masse zu einem dünnen Brei geworden ist. Dann rührt man mit einem Eßlöffel Weizenmehl, verquirlt mit einem Ei, ab. Gieße den Süßkäse zum Abkühlen in eine Schale.

Käsebrei

Wie »Pank« oder Süßkäse in Suppenform kann man Käsebrei präsentieren. Der Inhalt ist ungefähr derselbe wie bei »Pank«, aber mit mehr Milch und Ei beim Anrichten gibt es stattdessen Brei. Das Rezept kommt von Anna Björk in Furuberg im nördlichen Hälsingland. Sie war viele Jahre Sennerin in Hassala und hat oft Käsebrei auf der Alm zubereitet.

8 Liter Milch werden fingerwarm erwärmt, 3 Eßlöffel Lab hineingemischt. Man kann Ladenmilch verwenden, aber das gibt weniger Käse im Brei und es dauert länger, bis die Milch gerinnt.

Laß alles stehen bis die Milch geronnen ist. Quirle und koche, als wolltest Du »Pank« machen. Nach ungefähr einer Stunde wird die Hälfte der Molke abgeschüttet. (Verwende sie z.B. als Backflüssigkeit.) Fülle auf mit 3 Liter Milch. Mische etwas gemahlenen Zimt hinein und laß wieder kochen. Würze mit Zucker, eßlöffelweise (falls das wirklich notwendig ist – Kommentar der Verfasserin). Rühre ab mit 2 Eiern, 2 Deziliter Sahne und Weizenmehl und mische das ganze darunter.

Der Käsebrei wird warm oder kalt gegessen.

»Setostvelling« ist ein anderer Name für Käsebrei. Vergleiche mit dem Namen »Süßkäse« (Sötost). »Dravel« ist ein ähnliches Käsegericht von Jämtland und Härjedalen. Das Rezept ist schon im 17. Jahrhundert aufgezeichnet worden. »Dravel« wird während des Kochens nicht gequirlt und am Ende nicht abgerührt wie der Käsebrei von Hälsingland.

132

Ziegenkäse

Der reinste, ursprünglichste Käse, den man in schwedischen Geschäften kaufen kann, ist Ziegenkäse, der vom Besitzer der Ziegen auf dem eigenen Hof hergestellt wird. Der Ziegenkäse ist der einzige schwedische Käse, der ganz ohne Zusätze hergestellt wird. Einige Hersteller verwenden nicht einmal Salz, sondern der Käse enthält nur Milch, Lab und eventuell Säurekultur in Form von ein wenig filmjölk (Sauermilch).

Diese Seltenheit kann man in den Großstädten meist in exklusiven Delikatessengeschäften oder in einigen Markthallen kaufen. Besonders in nordländischen Landstrichen kann man ihn auch in gewöhnlichen Läden kaufen, falls der Laden Kontakt mit einem Hersteller hat. Schließlich kann man Ziegenkäse auch direkt auf den Ziegenfarmen kaufen.

Der Käse wird von den Eigentümern der Ziegen selbst hergestellt. Sie haben eine Sondererlaubnis, Käse aus unpasteurisierter Milch herzustellen und zu verkaufen. Nach dem Gesetz soll sonst alle Milch für Käsezubereitung pasteurisiert sein.

Außer diesem auf Höfen hergestellten Ziegenkäse gibt es in Norwegen auch Molkenprodukte, die in Molkereien hergestellt werden. Ein Teil ist kein richtiger Ziegenkäse, wieviele Ziegen auch auf der Verpackung herumspringen. Wenn man genau hinsieht kann man feststellen, wenn es sich um »Mischrassenkäse« handelt.

Ziegenkäse hat einen ausgeprägten Geschmack, der ihn von Käse aus Kuhmilch unterscheidet. Das schmeckt man sowohl bei Weißkäse (dem harten Labkäse) als auch beim braunen Molkenkäse. Ein großer Teil des anderen Geschmackes beruht auch darauf, daß der Käse frei von Zusätzen ist, woran schwedische Käseesser nicht gewöhnt sind. Darum ist der Ziegenkäse kein Käse für den Alltag geworden, nicht einmal in den Dörfern, wo er hergestellt wird und leicht zu bekommen ist. Stattdessen gibt es Liebhaber von Ziegenkäse, die wie weit auch immer reisen, um echten Ziegenkäse ohne Zusätze kaufen zu können.

Die Zusammensetzung der Ziegenmilch unterscheidet sich etwas von der Kuhmilch. Sie hat einen geringeren Trockensubstanzgehalt als die

Die Ziegen halten die Milch bereit und davon gibt es herrliche feste Ziegenkäse von gut 1,5 Kilogramm. Die Bilder auf dieser und den nächsten Seiten sind auf der nunmehr aufgelassenen Ziegenfarm Björsarv in Hälsingland gemacht.

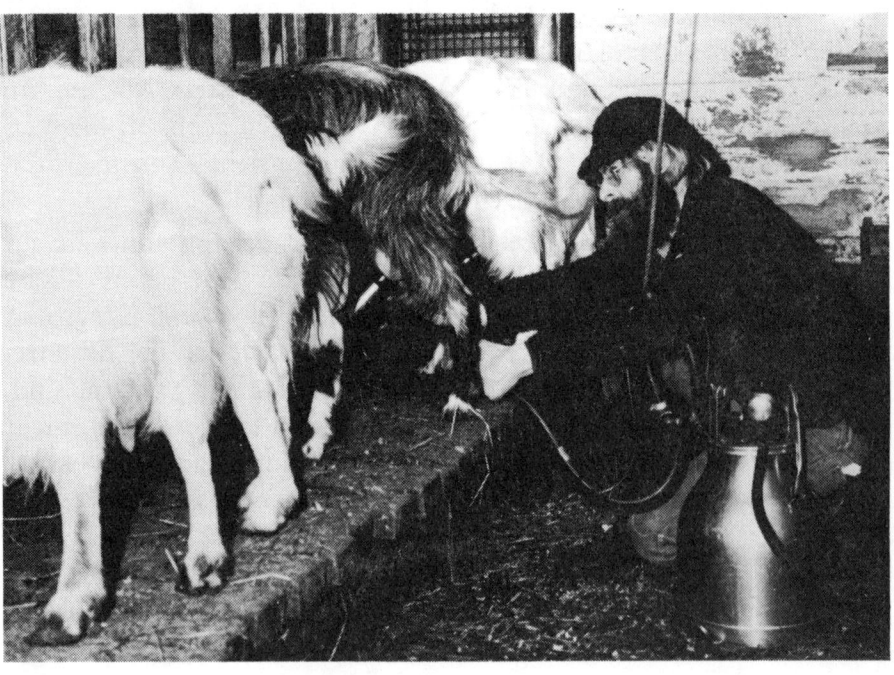

Kuhmilch. Darum bildet sich keine Sahneschicht, wenn die Milch steht, sodaß aller Ziegenkäse aus Vollmilch, d.h. nicht entrahmter Milch, gemacht ist. Ein wichtiger Unterschied ist auch, daß die Fettkugeln der Ziegenmilch nicht wie die der Kuhmilch aneinander haften.

Man macht Ziegenkäse genau so, wie man Käse aus Kuhmilch macht. Käse und Molkenkäse von den verschiedenen Höfen können ganz verschiedenen Geschmack haben, aber auch Käse, die von einem einzigen Hof kommen, können von Mal zu Mal verschieden schmecken. Der Geschmack des Käses beruht auf vielen verschiedenen Dingen. Die Ziegenfarmer haben nicht die komplizierte Apparatur, die die Molkereien für ihre exakte Käsezubereitung verwenden.

136

Auf den Höfen ist das Käsemachen immer noch ein Handwerk. Die Milch wird meistens auf einer elektrischen Kochplatte oder einem Holzofen gewärmt und der Käse in alten Holzkäseformen geformt. Die Temperatur wird nicht mehr mit dem Finger, sondern mit einem richtigen Thermometer gemessen, und nunmehr weiß der Hersteller von Ziegenkäse bedeutend mehr über Chemie und Bakteriologie als die Sennerinnen aus alten Zeiten.

In Schweden gibt es ca. 30 Ziegenfarmen, die an die offizielle Ziegenkontrolle angeschlossen sind. Außerdem eine unbekannte Anzahl Ziegenbesitzer und Käsehersteller, die nicht an die Kontrolle angeschlossen sind.

Für einen Anfänger in der Kunst des Käsemachens und für alle, die daran gewöhnt sind, eigenen Käse zu machen, kann es spannend sein, eine Ziegenfarm zu besuchen und zu erleben, wie man dort Käse macht.

Ziegenbesitzer sind Mitglieder im Ziegenaufzuchtverband und dadurch auch im Schwedischen Schafzuchtverband. In der Zeitung »Fårskötsel« gibt es auch Artikel über Aufzucht von Ziegen und Käseherstellung.

Schafkäse

Der Schafkäse hat im Ausland weit größere Traditionen als in Schweden. Natürlich hat man auch schwedische Schafe gemolken und die Menschen haben Käse gemacht, aber niemals in so großem Umfang oder mit so großer Regelmäßigkeit, daß es Spuren in den Essensgewohnheiten des Volkes oder in der Landwirtschaft hinterlassen hätte.

Die Schafe wurden gehalten wegen des Fleisches, der Wolle und des Pelzes. Am üblichsten war, daß jeder Hof ein kleines Rudel Schafe hatte, das den Hausbedarf an Wolle und Fleisch deckte. In anderen Ländern ist die Milchproduktion und die Schafkäsebereitung ein wichtiger Teil der Landwirtschaft. Eine Menge verschiedener Arten von Schafkäse wird hergestellt, meist nach Rezepten mit 1000-jährigen Ahnen. Der berühmteste Schafkäse ist der Roquefortkäse, der in der Literatur schon von dem Römer Plinius erwähnt wird, der im ersten Jahrhundert nach Christus lebte.

»Feta« heißt der griechische Käse, der gewöhnlich aus Schafmilch gemacht wird, aber manchmal auch aus Ziegenmilch.

Es ist ein gesäuerter Frischkäse mit starkem salzigem Geschmack. Hier in Schweden können wir entweder echten griechischen »Feta« oder dänischen »Feta« kaufen, der aus Kuhmilch gemacht ist. Oft wird er fertigverpackt und in Salzlake eingelegt verkauft, damit er sich halten kann.

Den frischen starken Schafkäse ißt man in vielen Ländern im Balkangebiet, er soll aber ursprünglich von Bulgarien kommen. Bulgarischen Schafkäse mit stark säuerlichem Geschmack gibt es auch in Schweden zu kaufen. Von Bulgarien kommt auch der berühmte »Chopskasallat«, der aus frischem gewürfeltem Gemüse mit einem Berg geriebenem Schafkäse obenauf besteht. Rezept Seite 147.

Der Vorteil von Schafmilch ist, daß sie so konzentrierten Nährwert hat. Man braucht gar nicht viele Liter für einen Käse. Die Milch von Kuh und Ziege enthält mehr Wasser. Schafmilch hat größeren Trockensubstanzgehalt und ergibt darum mehr Käse pro Liter Milch. Schafmilch enthält auch mehr Eiweiß und Fett als Kuh- oder Ziegenmilch.

Reisende in Griechenland und Italien haben gelernt, den Schafkäse zu schätzen. In Schweden ist er noch selten. (Nunmehr kann man ihn jedoch in den meisten gewöhnlichen Läden und größeren Warenhäusern unter der Bezeichnung »Fetaost« in großen runden Plastikdosen kaufen. Er wird auch von schwedischen Molkereien hergestellt. Bulgarischen Schafkäse gibt es seltener in gewissen Läden, Markthallen und Delikateß- oder Reformgeschäften zu kaufen. Anmerkung der Übersetzerin)

Es kann für Schafbesitzer spannend sein, Schafkäse zu machen. Man kann die Schafe melken, wenn die Lämmer im Sommer von den Müttern getrennt werden. Falls ein Lamm stirbt, kann man die Milch der Mutter eine Weile benutzen. Man kann die Milch einfrieren, während man soviel sammelt, daß es zum Käsemachen reicht.

Oder man kann auch gleichzeitig mehrere Schafe melken. Es geht auch gut, Schaf- und Kuhmilch zu mischen, wenn man einen größeren Satz herstellen will.

Aber denke an zwei Dinge: wenn das Schaf entzündete Euter hat (was die Ursache sein kann, daß ein Lamm stirbt), ist die Milch nicht geeignet. Sie ist dann mit krankheitserregenden Bakterien verseucht. Kurze Zeit nach dem Lammen ist es auch nicht angebracht, die Milch zu verwenden. Das gilt ebenso für Kuhmilch. Die Biestmilch eignet sich schlecht für Käse.

139

Man macht Schafkäse genau wie alle anderen Käse. Die Schafmilch paßt zu Hartkäsen, Weichkäsen, Frischkäsen und Molkenkäse- und butter (Molkenstreichkäse).

Der erste berufliche Schafkäsehersteller in Schweden lebt auf dem Hof Norra Sandby in Skåne (Schonen). Da werden außer den schwedischen Schafen auch ostfriesische Milchschafe gemolken. Sie sind ruhig und geben ungewöhnlich große Mengen Milch, die in der Hofmolkerei zu Weichkäse und Yoghurt verarbeitet wird. Lies mehr darüber in »Fårskötsel«, Jahrgang 64 Nr. 10, und in meinem Buch »Werde Kleinbauer« (1985) über die Käseherstellung auf der Schaffarm.

Mit Hilfe der Landwirtschaftsbehörde hat man Versuche mit dem Melken der Schafe und mit Schafkäseherstellung im Westen von Norrland gemacht. Es waren in der Ziegenkäseherstellung geübte Ziegenfarmer, die einige Schafe zwischen den Ziegen an die Milchmaschine anschlossen. Das beste Resultat ergab ein Mutterschaf, das 93 Liter in drei Monaten gab.

Der Käse war von der Art des Grünschimmelkäses und wurde mit Grünschimmelkultur in fließender Form gemacht. 11 Liter Schafmilch wurden zu 3,8 kg Käse, als Gertrud Westin den Käse machte. Als Säurezusatz verwendete man 1 Deziliter filmjölk (Sauermilch). Als der Käse durchlöchert werden sollte, damit der Schimmel im Käse Luft zur Entwicklung bekam, bemerkte Gertrud, daß man gerade für den Schafkäse im Vergleich zu anderem Käse gröbere Nadeln zum Durchlöchern brauchte. Wenn die Löcher nicht groß genug waren, wurden sie verstopft und die Luft kam nicht in den Käse. Gertrud machte auch gewöhnlichen Hartkäse aus der Schafmilch. Er wurde über Nacht pökelgesalzen und dann 1 ½ Monate bei 15 – 17 Grad gelagert. Schon nach einem Monat war er jedoch voll genießbar.

Ein anderer Unterschied zwischen Schafkäse und Ziegenkäse ist, daß der Schafkäse nicht zu hart gepreßt werden darf, wenn er geformt wird. Der Käse bekommt eine weichere Konsistenz, wenn man ihn nicht preßt und nach dem Käsebruch auch nicht zu lange rührt.

Schafkäse und »ricotta« von Sizilien

Unter allen erfreulichen und originellen Schafkäsearten ist der italienische »ricotta« besonders interessant. Der Journalist Lennart Hagman,

140

der auf Sizilien der Schafkäsezubereitung bei einem Schafbesitzer zugeschaut hat, berichtete, wie man »ricotta« macht.

Es zeigte sich, daß »ricotta« dasselbe sein mußte, was die Sennerinnen als »vitmesse« bezeichneten, also die Käsemasse, die nach oben fließt, wenn die Molke zu kochen anfängt, nachdem man die feste Käsemasse für den Hartkäse aufgenommen hat. Eine Delikatesse sowohl in Schweden als auch auf Sizilien.

Der Schafzüchter Nito Grimaldi im Dorf Casteluzzo melkt seine 150 Schafe mit der Hand, morgens und abends von November bis Juni. Er melkt sie außer Haus, und wenn er mit den Milcheimern in den Schafstall geht, begeben sich der Hirte und die Schafe wieder auf die Wiesen, um Futter zu suchen.

Nito wärmt die Milch über offenem Feuer, denn im Schafstall gibt es keine Elektrizität. Er verwendet Lab von Lamm-Magen. Der harte Käse wird in Bastkörben geformt, ungefähr 40 cm hoch und mit einem Durchmesser von 30 cm. Dann setzt er den Kupferkessel mit der Molke zurück auf das Feuer und läßt alles aufkochen. Nach beinahe einer Stunde wird die oberste Schicht, die dezimeterdick im Kessel liegt, abgeschäumt. Das ist dann »ricotta«. Entweder ißt man »ricotta« warm, direkt im Schafstall, dann bricht man weißes Brot in einen Teller und schüttet »ricotta« darüber. Oder man ißt ihn kalt, wenn man ihn im Laden kauft.

»Komm und iß ricotta« sagte Nito gewöhnlich zu seinen Freunden. Und sie kamen in langen Reihen, denn es wird als sehr fein betrachtet, wenn man bei einem Freund, der eigene Schafe hat und selbst Käse macht, »ricotta« essen darf.

In mehr veredelter Form begegnet man dem »ricotto« als Dessertkäse, gemischt mit verschiedenen Geschmackszusätzen und zu einer Rolle geformt – ungefähr wie Kräuterbutter, aber süß im Geschmack. So kauft man den Käse, wenn er von der Molkerei kommt und nicht direkt von einem Schafbesitzer und Käsehersteller wie Nito Grimaldi.

Käsegerichte

Etwas geriebener Käse ist gut zu den meisten Speisen. Sowohl Fleisch und Fisch als auch Gemüse kann man im Ofen überbacken, entweder mit Käsesoße oder nur mit geriebenem Käse. Aber man soll Käse nicht nur als Geschmackszusatz betrachten. Vor allem ist Käse eine Eiweißquelle und kann sehr gut sowohl Fleisch als auch Fisch bei der Essenszubereitung ersetzen. Trotzdem brauchen wir nicht die Käsestücke mit Messer und Gabel zu Kartoffeln zu essen, wie es früher üblich war. Es gibt unendlich viele Arten, Käse zu verwenden. Rezepte für Essen mit Käse findet man in allen Kochbüchern, ja es gibt sogar Kochbücher, die ausschließlich von Käsegerichten handeln.

Was ich hier aufgenommen habe sind einige ungewöhnliche Rezepte, vor allem mit Tips, wie man hausgemachten Frisch- oder Sauerkäse verwenden kann.

Frischkäse aus Magermilch ist das magerste Eiweiß das man finden kann. Der hausgemachte Frischkäse wird außerdem eine ungewöhnlich billige Zutat, um eine Mahlzeit darauf aufzubauen. Natürlich wird es umgekehrt: Wir bauen eine Mahlzeit auf mit Gemüse als Grundlage und dem Frischkäse als Proteingipfel der Pyramide. Zu rohgeriebenen und gekochten Gemüsen paßt die kalte Frischkäsesoße gut. Auch andere Arten Käse können in Gemüseaufläufe, Überbackenes oder Salate, oder als Füllung in Pirogen und Pfannkuchen gemischt werden.

Kalte Frischkäsesoße

Frischkäse von welcher Art auch immer (Quark) wird mit etwas Yoghurt, saurer Sahne oder »filmjölk« (Sauermilch) gemischt. Einige Eßlöffel sehr fein gehackte Zwiebel werden untergemischt. Dann reichlich feingeschnittene Petersilie, Dill, Schnittlauch und andere gute Gewürzkräuter. Warum nicht rohe oder gedämpfte Nesseln unterhacken? Es soll eine ganz grüngesprenkelte Soße werden. Salze mit Herbamare (Kräutersalz aus der Schweiz).

Nahrungsmäßig kräftiger und sättigend wird die Soße, wenn man außerdem ein oder mehrere hartgekochte Eier hineinmischt. Serviere

142

Eine eiweißreiche Soße aus Frischkäse, Yoghurt oder »filmjölk« (Sauermilch) mit Kräutern ist gut zu gekochten Gemüsen oder Rohkost. »Chopskasallat« mit geriebenem Käse obenauf stammt aus Bulgarien. Rezept auf Seite 147.

Frischkäse mit Kräutern

Großartig und gefährlich gut ist die Nachspeise Paskha, die aus Butter, Zucker und Quark gemacht ist. In der Schale sieht man »potkäs«, ein Aufstrich aus gemischten Käsesorten. Rezept Seite 149. Der mächtige Käsekuchen in der Kupferform reicht für viele Hungrige.

zu Rohkost oder einer Menge verschiedener Arten Gemüse: Kartoffeln, Rote Rüben, Mohrrüben, Erbsen, Lauch, Kohl . . .

Chopskasalat

Dieser Salat mit dem geriebenen Käse kommt ursprünglich aus Bulgarien, aber mehrere Nachbarländer haben ähnliche Gerichte in ihrer Tradition.

Schneide gleich kleine Stücke grünen Paprika, Tomaten, Gurke mit der Schale und frische Zwiebeln (gewöhnliche gelbe Zwiebeln wenn die Jahreszeit nicht passend ist für frische Zwiebeln). Hacke Petersilie und mische alles.

Die Marinade besteht aus einem Teil Weinessig, 3 Teilen Sonnenblumenöl (oder anderem Öl), 1 Teil Wasser und Salz nach Geschmack. Das Salz kann auch ausgeschlossen werden, wenn der Käse salzig ist. Mische die Gemüse mit der Marinade und lege ein paar ordentliche Handvoll geriebenen Käse obenauf. Passende Käsesorten außer dem im ursprünglichen Rezept vorgeschlagenen Schafkäse sind Yoghurtkäse, »filmjölk«käse, weißer Ziegenkäse und gewöhnlicher hausgemachter harter Labkäse.

Käseauflauf

Käseauflauf kann man auf viele verschiedene Arten machen. Der Boden besteht aus einer Auflaufschale, die mit einer Mischung von Eiern, Käse und Gewürzen gefüllt wird. Der klassische Quiche lorraine enthält außerdem geräucherten Schinken. Man kann gehackte Champignons, gewöhnliche gelbe Zwiebel oder Lauch in die Füllung mischen. Durch die Zusätze wird der Auflauf sättigender und reicht für ein ganzes Mittagessen zusammen mit einem ordentlichen Salat, grünem Salat, Rohkostsalat oder beiden Sorten.

Der Auflaufteig kann von welcher Art auch immer sein, oder dieser knusprige Teig aus Grahammehl:

Miß 3 ½ Deziliter Grahammehl in eine Schale. Hoble mit einem Käsehobel 100 Gramm Butter in das Mehl und verarbeite alles zusammen mit den Fingern, einem Messer oder einem Holzlöffel. Füge 3 Eßlöffel kaltes Wasser dazu. Falls die Zeit knapp ist, braucht der Teig vor dem

Ausrollen nicht zu ruhen. Dann ist es besser, wenn man den Teig direkt zu einem Boden ausrollt, mit dem man die Innenseite einer gefetteten Form auskleidet. Danach läßt man ihn eine Weile kalt stehen. Löchere mit einer Gabel, damit der Teig während des Backens keine Blasen bildet. Backe 10 Minuten bei 225 Grad.

Während der Auflaufboden gebacken wird, mischt man die Füllung: 200 Gramm Frischkäse (Sauerkäse oder frischer Labkäse), 1 – 2 Eier, 1 Deziliter Milch und geriebener Käse nach Geschmack und Vorrat. Wenn man viel geriebenen Hartkäse einmischt braucht man kein Salz, da der Käse salzig ist. Sonst kann man mit etwas Salz aus dem Reformhaus würzen. Oregano oder Paprikapulver schmeckt auch gut. Jetzt mischt man auch eventuell die gehackte Zwiebel oder den Lauch hinein.

Backe bei 200 Grad bis die Füllung fest geworden ist und eine feine Farbe bekommen hat, das dauert ungefähr 20 Minuten.

Käsepfannküchlein

Als Mittagessen für 2 Personen oder als Nachspeise für 4 reicht dieser Satz Pfannküchlein. Man kann den Satz gerne verdoppeln. Am besten macht man kleine Pfannküchlein aus dem Teig. Größere Pfannkuchen aus demselben Teig halten schlecht zusammen, wenn man sie wendet.

Zerquetsche 100 Gramm Frischkäse (Sauerkäse oder Labkäse) mit einer Gabel und rühre 1 Deziliter Grahammehl darunter, abwechselnd mit 3 Deziliter Milch irgendwelcher Art.

Füge ein Ei dazu, ½ Deziliter Sojamehl, ½ Deziliter Weizenkeime, 1 Eßlöffel Öl und etwas Salz. Quirle, bis ein glatter Teig entsteht, und backe in der Pfanne. Der Teig wird besser, wenn man ihn eine Weile stehen und quellen läßt, ehe man bäckt. Aber es ist nicht absolut notwendig. Serviere die Pfannküchlein als Nachspeise mit Beeren, Honig oder ähnlichem. Man kann sie auch mit Gemüsesoße aus Zwiebeln und Tomaten, die zusammengekocht sind, und mit etwas Yoghurt essen.

148

»Potkäs«

Aus Käseresten kann man einen guten starken Aufstrich machen. Reibe alle Arten Hartkäse mit starkem Geschmack. Mische sie mit zerdrücktem Schimmelkäse, z.B. Gorgonzola oder Grünschimmelkäse mit etwas Butter, sodaß es eine geschmeidige Masse gibt. Mische etwas Kümmel oder Paprikapulver hinein. Einige Löffel Cognac oder anderer Branntwein sind auch gut darin. Packe alles in eine wassergespülte Form und stülpe auf einen Teller.

Eine schöne Farbe bekommt der Käse, wenn man Mohrrübensaft, Rote-Rübensaft oder Saft aus rohgehackten grünen Blättern beimischt – besser als Karamellfarbe.

Wird mit frischem Gemüse serviert, z.B. Gurkenstäbchen, Radieschen, Paprika, oder zu Obst.

Paskha

Eine russische und osteuropäische Nachspeise wird aus Quark zubereitet. Die säuerlichen glatten Frischkäse aus filmjölk oder »långfil« sind gut für paskha.

Arbeite 150 Gramm Butter und 2 Deziliter Zucker zusammen. Mische 2 Eigelb hinein und rühre, bis ein glatter Teig entsteht. Füge 600 Gramm säuerlichen Topfen (Quark) dazu, 100 Gramm Süßmandeln, 1 ½ Deziliter saure Sahne und 1 Teelöffel Vanillezucker. Man kann außerdem mit etwas geriebener Zitronenschale, Rosinen oder Sukkade würzen. In Estland verwendet man eine besondere Form zu paskha. Wir können einen gewöhnlichen Blumentopf nehmen um die Käsemasse hineinzupacken. Lege zuerst ein Tuch in den Topf, dann läßt sich der paskha besser stürzen. Packe die Käsemasse hinein und lasse sie mindestens einen Tag stehen. Dann tippt man den Kuchen auf einen Teller und garniert mit einer Papierblume obenauf. Paskha ißt man als Nachspeise oder anstelle von Torte bei Festen.

Worterklärungen

Albumin: Eine Art Eiweiß in der Milch. Bei der Käseherstellung verbleibt das Albumin in der Molke.

Abtrieb: Im Herbst von der Alm zurück auf den Hof ziehen.

Auftrieb: Mit Kühen und Geräten im Sommer auf die Alm ziehen.

Biestmilch: Die erste Milch nach dem Kalben (Lammen) hat eine andere Zusammensetzung als gewöhnliche Milch und eignet sich nicht zum Käsemachen.

Brechen (Schneiden): Die geronnene Milch in Würfel schneiden, um sie von der Molke zu trennen.

Buttern: Sahne bearbeiten, bis sie sich in Butter und Buttermilch teilt.

Buttermilch: Die Milch, die beim Buttern übrigbleibt.

Cottage cheese: Englisches Wort für Quark oder Frischkäse, sowohl mit Säure als auch mit Lab gemacht.

Dränierung: Ablaufen (hier gilt es für die Molke, die von der Käsemasse abläuft).

Eindunsten: Die Molke wird so gekocht, daß das Wasser in Form von Wasserdampf abgeht.

Frischkäse: Käse der nicht gelagert wird. Er kann mit Säure- oder Labzusatz oder beidem gemacht sein.

»Grynpipig« kleingelöchert (Bruch- oder Schlitzlochung): Der Käse hat viele kleine unregelmäßige Löcher, die im ganzen Käse verteilt sind.

Harte Labkäse: z.B. Herrenhofkäse, Emmentaler, Svecia

Homogenisierung: Das Fett in der Milch ist so fein verteilt, daß keine Sahneschicht auf der Milch abgesetzt wird wenn sie steht (= homogenisierte Milch).

150

Kasein: Ein Milcheiweiß, das koaguliert, wenn Lab oder Säure in die Milch gegeben wird, die dann Käse bildet.

koagulieren: festwerden, eine zusammenhängende Masse bilden (Dickwerden der Milch).

Koagulum: Wenn Milch und Lab gemischt werden, wird das Kasein ausgefällt und es entsteht eine zusammenhängende Masse – das Koagulum

Konsistenz: Festigkeitsgrad

Lab: Wird aus Kalbmagen gewonnen und enthält Stoffe (Fermente), die die Milch zum Koagulieren bringen.

Labkäse: Käse, der mit Lab zubereitet wird.

Lablegen: Der Augenblick, in dem bei der Käsebereitung das Lab mit der Milch gemischt wird.

Magermilch: Milch, bei welcher die Sahne durch Separieren entfernt ist, oder von der die Sahne mit einem Löffel abgeschöpft wurde, nachdem die Milch solange stehen durfte, bis die Sahne sich an der Oberfläche absetzt. Magermilch ist fettarm, da die Sahne entfernt ist.

Molke: Wenn die Käsekörner aus der Milch entfernt sind, bleibt Molke übrig. Ihr Inhalt besteht hauptsächlich aus Wasser, aber auch aus gewissen Nahrungsstoffen.

Nachkäsen: Das Rühren nach dem Aufwärmen der Milch, wenn die Käsekörner (Bruch) bearbeitet werden, um mehr Molke davon zu entfernen.

Pasteurisierung: Das Erhitzen der Milch, um Bakterien abzutöten.

Pepsin: Ein Enzym im Magensaft z.B. bei Schweinen, wird teilweise als Lab verwendet.

151

»Pipbildning« (Lochbildung): Wenn der Käse gelagert wird entwickelt sich Kohlendioxyd, das sich in Taschen an verschiedenen Stellen des Käses sammelt. Das gibt Löcher die man »pipor« nennt.

Pökelsalzen: Wenn der Käse von außen mit trockenem Salz gesalzen wird.

Reifung: Die Reifung der Milch ist die Entwicklung welche die Milch durchmacht, wenn sich die Bakterien vor der Lablegung entwickeln, mit oder ohne Zusatz von Milchsäurebakterien. Die Reifung des Käses ist die Lagerzeit, während der die Bakterien und andere Mikroorganismen zu verschiedenen Stoffen im Käse umgesetzt werden.

Rohmilch: Rohmaterial zu Vollmilch, d.h. unbehandelte Milch von Kühen.

»rundpipig« (rundlöcherig): Der Käse hat wenige aber große Löcher.

Salzlake: Ein Gemisch aus Wasser und Salz, in dem der Käse gebadet wird, um ihn haltbar zu machen. Die Lake braucht nicht gekocht zu werden.

Sauerkäse: Käse, die nur mit Säure als Koagulierungsmittel hergestellt werden.

Säuern: Saure Zutaten werden der Milch zugemengt, mit denen man ihren pH-Wert senkt. Wenn der pH-Wert niedrig genug ist, wird das Kasein abgeschieden und man bekommt Käsekörner für Sauerkäse. Die meisten sauren Stoffe wie Sauermilch, Yoghurt oder Zitrone sind verwendbar.

Säurelabkäse: Käse, die sowohl mit Lab als auch Säurezusatz hergestellt werden.

Schmelzkäse: Hartkäse, der gemahlen, gewärmt und mit Zutaten gemischt ist, die den Käse weich und haltbar machen.

Separator: Ein Apparat, der Sahne von Milch trennt.

Separieren:	Milch von der Sahne trennen (im Separator).
Standardisierung:	Die Magermilch wird so mit Rohmilch oder Sahne gemischt, daß man einen bestimmten Fettgehalt, z.B. für Vollmilch 3,6%, erhält.
»Tjese«:	Ein altes schwedisches Wort für den Labmagen.
»Tjesvatten«:	Lab, die Flüssigkeit die man erhält, wenn der Labmagen (getrocknet) in Wasser liegt.
Trockensubstanz:	Die Trockensubstanz der Milch besteht aus Fett, Eiweiß, Milchzucker und Mineralstoffen. Die Trockensubstanz ist verschieden für die Milch verschiedener Tierarten.
Vollmilch:	Verbrauchermilch, in der Molkerei behandelte Milch, die im Laden verkauft wird (pasteurisiert, standardisiert, homogenisiert).
Vorkäsen:	Nach dem Schneiden wird die Käsemasse einige Minuten vor dem Erwärmen gerührt. Dabei trennt sich viel Molke von den Käsekörnern.
Wärmung:	Wenn die Milch geronnen ist und durch Brechen (Schneiden) und Vorkäsen in Käse und Molke geteilt ist, wärmt man die Molke mit dem Käse darin vorsichtig auf. Durch das Aufwärmen wird noch mehr Molke von der Käsemasse getrennt und das Bakterienleben im Käse und in der Molke kontrolliert.
Weiche Labkäse:	Käse, die mit Lab und hohem Feuchtigkeitsgehalt gemacht werden, z.B. Brie und Grünschimmelkäse.
»Yste«:	Ein Fest, bei dem die Nachbarn zum Käsen mit der eigenen Milch beitragen. Sie werden zum Essen eingeladen und helfen auch oft beim Käsemachen mit. Ein anderes Wort ist »Ystagille« = Käsefest.

Literatur

Nils Keyland Svensk allmogekost. Bidrag till den svenska folkhushållningens historia, 1 – 2. 1919.

Margareta Klingberg/Eja Nilsson Invandrad mat Rabén & Sjögren 1975.

Ben J. Kuyper Osträtter, LT 1968.

Hans Lidman (red) Fäbodar, LT 1963.

Erik Sjödin Getter. Avel, utfodring, skötsel, ekonomi, LT 2 uppl. 1977.

Anne Nilsson Farmare på fritid, ICA 1976.

Christian Plume Ostboken, Tiden 1971.

Gustav Ränk Från mjölk till ost, Nordiska museet 1966.

Svenska ostsorter. Utgiven av Svenska kontrollanstalten för mejeriprodukter och ägg, 2 uppl. 1969. Nye aspekter i international osteproduktion. Utgiven av Chr. Hansen's Laboratorium A/S, Köpenhamn 1974.

Mejerilära. En serie häften utgivna av Svenska Mejeriernas Riksförening. Av intresse för amatören är del 1 (Mejerikemi), del 2 (Bakteriologi och mejerihygien), del 6 (Ost) och del 7 (Smältost, Mesvaror).